劉仲敬
民族發明學講稿

劉仲敬

民族發明學講稿

逆轉的東亞史

貳

劉仲敬——著

非中國視角的西南

【巴蜀、滇與夜郎篇】

編輯說明

本書是在明鏡新聞網「劉仲敬思想」系列節目的基礎上彙編整理而成，內容保留劉仲敬本人演說的白話特色，並為他引述的各種比喻或典故添加注解，以及附上相關插圖解說。

下列為本書各講次的原始節目名稱及播出時間：

巴蜀利亞篇

第一章　古老文明與近代民族／第31期／2018年4月11日

第二章　種族、邦國和民族國家的源流／第32期／2018年4月18日

夜郎民族篇

第三章　百濮聯合酋長國的前世今生／第33期／2018年4月25日

滇族國家篇

第四章　東南亞的中流砥柱／第34期／2018年5月2日

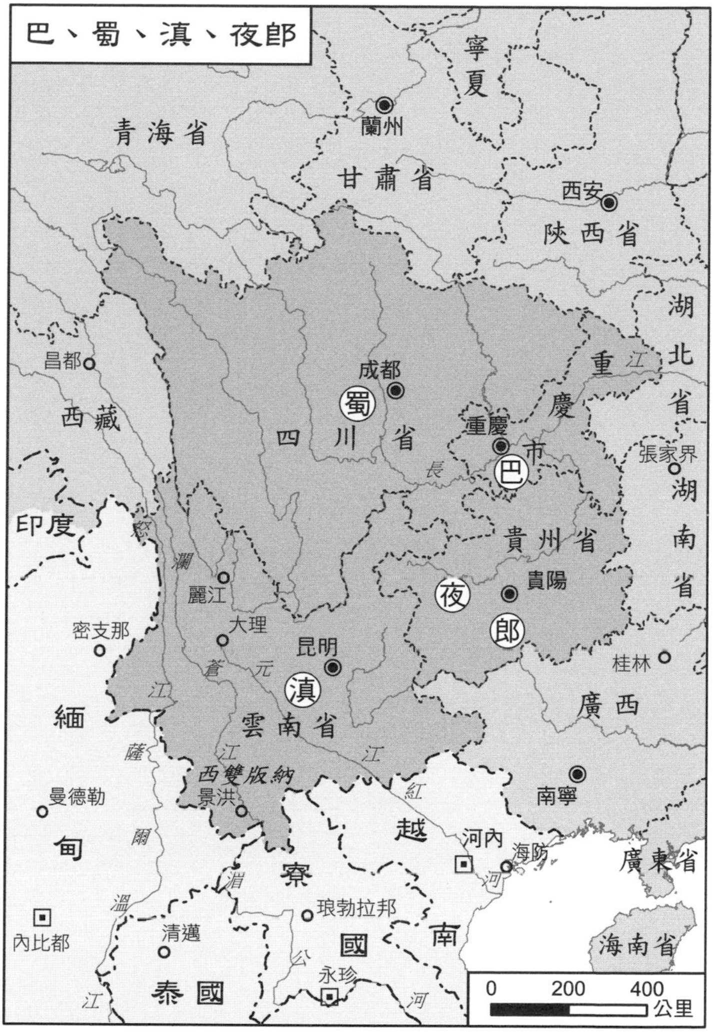

本圖以當代中國行政區域圖為基準，並參考譚其驤主編的《中國歷史地圖集》第一冊「戰國時期全圖」所繪製。古蜀開明王朝以成都為首都（今四川成都市），巴國以枳城（今重慶涪陵區）為首都，兩者在戰國時期逐漸合稱「巴蜀」；古滇國以滇池（位於昆明）為中心；夜郎國的中心位置則尚無定論，有學者認為應在貴州的六盤水到畢節一帶。

目次

巴蜀利亞篇

夜郎民族篇

滇族國家篇

第四章　東南亞的中流砥柱

巴蜀利亞篇

「蜀道之難，難於上青天！蠶叢及魚鳧，開國何茫然。」

——唐，李白，《蜀道難》

一、古老文明與近代民族

東亞文明的二元性

人類本身的歷史和人類文明的歷史在定義上稍微有一點點差異。所謂人類本身的歷史，就是人類種群從東非出非洲以後，在歐洲大陸、美洲和其他比較偏僻的地方擴展的歷史。它並不要求有高級文明本身的存在，也就是說只要有幾十人、幾百人的小部落能夠以採集、狩獵或其他方式維持他們的生活，就足以構成人類的遷徙和發展。文明本身有很多定義，我在這裡下一個武斷的定義：「文明就是指人類的種群已經發展到不僅能夠簡單地維持生計，而且能夠形成高級政治組織，具有原始國家形態，包括武力和統治這種機構在內的形態。」達到這個水準以後，才可以稱為人類文明。那麼我們就可以看到，人類的起源和人類文明的起源是兩個不同的概念。

人類的起源，對於東亞來說，是自西而東擴散而來的。是走出非洲的人類在西亞已經繁衍了若干時間以後，再沿著印度和東南亞的海岸向東、向北遷移，最終在東亞大陸的南部和海岸地帶定居下來，這個基本順序是從西向東的，以上是東亞人類的起源。東亞文明的起源，從方向上來看也是從西向東的，但是論時間當然要晚得多。它也是從西亞開始的，但並不是簡單地出現了可維持生計的部落就可以算數的，而是產生了原始的國家組織，產生了比如神廟或類似的原始宗教組織主持的城邦，能夠主持集體的灌溉活動，能夠把原先不適合人類居住的、位於大河下游或者沼澤地帶的土地，透過水利工程和其他諸如此類的生產性建設，變成不但適合人類居住的地方，而且生產力和財富的積累能力都大大超過原先的原始人類部落。到了這個境界以後，才可以說是已經產生了最原始的國家雛形和最初的文明。這次突破，當然，眾口一致，是在今天所謂的中東地區或說西亞地區。世界其他地方的文明，都是直接或間接在西亞的第一代文明的刺激下所產生的。

東亞最古老的文明，以殷周為代表的文明，從現有的考古記錄來看，毫無疑問是西亞型的文明透過內亞進入東亞核心地帶的產物。儘管他們從很多的文明特徵上來講有明確的西亞來源，例如殷商的戰車或者周人的青銅器，他們的進入使東亞的文明從所謂的石器時代躍入了青銅器時代，從沒有國家形態的原始部落組織跳躍性地進入了具備國家形態的高級文明，但是這並不意味著他們是東亞的最早居民。很顯然地，有很多考古記錄顯示，早在他們出現以前，從印度東南亞沿著海岸線一路北上的這些居民早已在東亞大陸定居了。他們與後來的、有歷史記錄的這些國家實體的主要區別就在於，他們還處在比較分散的狀態下，還沒有形成具有武裝和政權機構的國家形態。很多上古神話把這段時間描寫為黃金時代，大概也是因為他們沒有正式的國家組織，因此避免了國家組織的壓迫，也避免了隨著國家而出現的各種各樣的戰爭。

我在上一次關於桑吉巴的講座[1]中曾經提到過，刺激了東亞大陸和南亞次大陸最早的、具有國家形態文明的這批人，到底是真正純粹的西亞居民，還是雖然接受了一部分西亞文化、但實際上自己卻是內亞人而不是原始的西亞人，目前是無法考證的。這個問題實際上就相當於，你在現代史上問東亞的共產主義政權到底是俄國人列寧和史達林建立起來的，還是湖南人毛澤東和吳越人周恩來這批人一起建立起來的？前者就相當於是布爾什維

1 明鏡新聞網「劉仲敬思想」系列節目第三十期／桑吉巴：伊斯蘭香港的窮途末路／二〇一八年四月五日。文本請見《中東的裂痕：泛阿拉伯主義的流產和大英帝國的遺產》〈第八章・桑吉巴：伊斯蘭「香港」的窮途末路〉，新北市，八旗文化，2020。

克真正的起源地俄國，後者則是接受了布爾什維克影響和訓練，但是本質上講本身還是東亞人，可以說是經常被稱為「黃俄」[2]的這一批人。我們在二十世紀可以把真正的共產國際和他們的黃俄學徒區分開來，是因為時間比較近、各種檔案和客觀資料還保存下來的緣故；但是如果你假設，再過五千年時間或者三千年時間，各種文獻證據都已經湮滅了，你只能透過零星的考古證據來討論，那麼未來的考古學家可能就很難判斷，北京的這個共產黨和莫斯科的共產黨到底是怎麼樣的一個關係。

你可以從很多旁證看出來，比如說從什麼鐮刀、錘子之類的旗子上推斷出來，這樣的旗子曾經在莫斯科紅場的儀式上出現，又在北京天安門的儀式上出現，因此可以判斷它們兩者之間至少是一個同源關係。你還可以運用碳—14同位素或者其他方式來考證，發現在莫斯科紅場的鐮刀、錘子之類的遺址比在北京或者上海等其他地方的類似遺址在時間上要早，然後你就可以合理推斷，布爾什維克主義的起源地不在東亞而在俄羅斯，在俄羅斯已經存在了相當長的時間以後才出現在東亞。但是你無法判斷，到底是史達林同志親自打著鐮刀、錘子的旗子征服了東亞，還是他用間接的手段、透過他的代理人征服了東亞。

僅憑考古學的資料，你無法判斷史達林到底是姓史還是姓史達林。也許他就是一個姓史名達林的東亞人，也許費正清（John K. Fairbank）[3]就是一個姓費名正清的東亞人。三千年以後，這些問題都很難判斷。那時的人很可能會認為李世民和安祿山是東亞人，儘管他們的同時代人會認為他們是鮮卑人和內亞人。兩千年或三千年以後的歷史學家也許會懷疑，史達林是不是真的就姓史，也許他就是蘇聯和中國共產主義的真正創始人？我們今天看得非常清楚的布爾什維克母黨和東亞支部之間的主從關係和上下級關係，對於他們來說就會變成一個很難判斷的迷。

但是這並不影響大致上的格局。我們現在就可以下一個模糊但武斷的評語，東亞最早的人類起源是從印度東南亞來的這一批人，他們定居的時間最早，他們在人種上和體質人類學上跟越南、印尼居民的共同點比較多，跟今天所謂的南島語族（Austronesian

2 劉仲敬術語，意指中國共產黨過去是由蘇聯所扶植起來的「黃色俄國人」，並不代表中國的利益。

3 美國漢學家。先後求學於哈佛大學和牛津大學，一九三二至一九三六年在清華大學師從蔣廷黻研究中國外交關係，與梁思成、金岳霖等人互動密切。一九三六年返回哈佛大學任教，主導該校的東亞研究。一九四六至一九四九年中國內戰期間，費正清作為美國的「中國通」，大力鼓吹美國應盡早拋棄國民黨而與中共建立良好關係的論點，因此在麥卡錫主義時代被視為親共代表人物而受到調查。一九七二年尼克森訪華後，費正清及其學派再次受到美國政界重視，其有關中國內戰的觀點迄今為止一直是美國學界主流立場。著有《美國與中國》（1983）、《偉大的中國革命：一八〇〇至一九八五年》（1986）、《費正清論中國：中國新史》（1992）等，並參與主編《劍橋中國史》。

languages）[4]——尤其是馬來—玻里尼西亞語群（Malayo—Polynesian languages）[5]的居民在語言和文化上的共同點比較多；而建立了商朝、是孔子祖先的那一撥人，以及建立了周朝、是周公祖先的那一撥人，他們的來源則有明顯的西亞風格。至於他們是道道地地的征服了東亞的西亞殖民者呢，還是像毛澤東和周恩來接受了蘇聯布爾什維克主義、但是自己不是蘇聯人、在東亞建立政權那樣，他們本身其實是內亞人，接受了西亞的先進文化和國家組織方式以後進而征服了東亞，但只是西亞文化的傳遞者，自己卻不是西亞人？這就無法考證了。

因此，在東亞大陸最早期的文明就會出現這樣的現象——它經常會有「二元性」。二元性就是，在有些地方，特別是長江以南和靠近沿海的地方，最早出現的文明實體的邦國，它的貴族階級和平民階級存在著文化上的斷層，而且這個文化上的斷層具有內亞性和百越性的差別。百越並不代表這些最早居民的全體，但是為了方便敘述起見，為了避免引進其他太長、太難理解的名詞，我就直截了當地用「百越系」和「內亞系」來代表這兩種人。從內亞系的征服者和文化殖民者看來，百越系的人有很多名字。有時候他們會被稱為「越人」，有時候他們會被稱為「夷人」，或者還有其他許多的名字。越人和夷人都是籠統的稱呼，具體的情況下還有其他許多名字。越向南走，內亞統治者和普通民眾之間的文化鴻溝就顯得越大。在這方面，吳國和楚國是非常典型的。你可以從屈原的《離騷》和其他詩歌看出來，他給自己講的這套家譜是道地的諸夏式的。

我在上次講座中曾經講過，「夏」要麼是不存在的，要麼根本不在東亞。只是殷商的後代（像孔子這樣的人）和周人的後代（像周公、伯禽[6]這樣的人）為了建立一個政治上的統一戰線，就說我們有共同的起源。當然，這個共同的起源要麼就是西亞的起源，要麼就是內亞的起源。諸夏，按照它在歷史上的名詞，一路上，從山西南部，倒推到鄂爾多斯高原，再倒推到外伊朗地區，這樣一路推下去，來源也肯定是西亞和內亞。所以，這就是一個政治上的統一戰線。殷人和周人在「諸夏人」這個共同的概念之下團結起來，結成一個文明的聯邦，這就是孔子時代作家的普遍理想。

4 世界性語族之一，包括台灣、太平洋諸島、菲律賓、馬來西亞、印尼西部和中部、紐西蘭北島、馬達加斯加等地，總人口約二點五億人。該語族各語言均為黏著語，語音上輔音有清輔音和濁輔音；語法上有格無性，廣泛利用詞綴和詞幹母音音變來表達語法意義；包括泰雅語群、東福摩薩語群、西北福摩薩語群、西平原語群、排灣語群、魯凱語群、鄒語群、馬來─玻里尼西亞語群等。

5 南島語族的一支，分布於今東南亞和太平洋諸島大部分地區。

6 周文王姬昌之孫，周公旦長子，周武王姬發之侄。周公受封魯國後未就封，留在鎬京輔佐年幼的周成王，派伯禽代其就封魯國，為魯國首任國君。伯禽在任期間大力推行「變其俗，革其禮，喪三年然後除之」的土著同化政策，被周公批評為「夫政不簡不易，民不有近」，預言魯國將來必臣服於對土著「簡其君臣禮，從其俗為」的齊國（《史記卷三十三・魯周公世家第三》）。

但是在長江以南的各地，夏和越之間的矛盾是很明顯的。從屈原自己描繪的家譜和他詩歌中所描繪的那些教育方式來看，跟黃河中游地帶的那些諸夏各邦的教育方式是相同的[7]。我們可以合理推斷，屈原作為楚國貴族，接受了諸夏的教育。但是楚國的底層文化卻有另外一套，就是我們非常熟悉的那種充滿巫風的文化，這種文化以及他們的金屬冶煉方式跟百越族群的相似度很大。所以，它存在著上層和下層的鴻溝。吳也是這樣。吳、越通常連用，長期以來被用來形容同一個地區、同一系各文化區、同一個族群、甚至是同一個國家，但是吳和越之間的差別其實就跟諾曼貴族和撒克遜被征服者的差別一樣大。

吳跟楚一樣，它的貴族階級有一套可以跟中原的諸夏各國對接的文化，但是它的基層也是斷髮文身的百越。所以在後來的吳越爭霸當中，吳顯得既強大又脆弱。它在大多數情況下是能夠打敗越人的。我們要注意，越是百越，不是只有越王勾踐那一家，越王勾踐很明顯只是越人當中接受吳文化較多的那一支，所以他們抵抗吳人侵略的時候也比較得力。吳人是如此強大又如此脆弱，他們多半能打敗越人，但是一旦失敗就萬劫不復。而在越王勾踐的後裔被楚國打敗而消亡以後，在江南大地、太湖流域甚至錢塘江以東，仍然遍布著諸越。他們的反抗經歷了秦國和楚國的長期爭鋒，印第安式的戰爭打了幾百年，最終他們都沒有屈服。當孫權在江東建政的時候，這些百越和山越仍然存在，他們仍然使用早在春秋時代就已經被諸夏作家用蔑視的語氣描繪過的各種技術。

這就可以看出，吳的來源，無論是吳這個地名（吳這個地名從語言學的角度來看應該是來自於渭水流域[8]），還是它使用的技術方式，還是它的貴族來源和文化教育方式，都可以看出，吳有明顯的內亞性，有一定的諸夏性，正如他們替自己發明的歷史把自己聯繫到泰伯[9]之類的周國貴族的家譜上面一樣。而被他們統治、跟他們有長期維繫的諸越或百越卻是當地的土著。百越很可能是沿著印度河東南亞北上，跟近代南島人和馬來—玻里尼西亞人在文化上和種族上具有高度親緣關係的一群人；而諸夏則多半是從外伊朗南下東進，進入東亞大陸核心部分，攜帶著先進的西亞文化和政治統治技術的那一個群體。蜀的情況也與此相似。

---

7 《離騷》：「帝高陽之苗裔兮，朕皇考曰伯庸；攝提貞於孟陬兮，惟庚寅吾以降。皇覽揆余初度兮，肇錫余以嘉名；名余曰正則兮，字余曰靈均。」

8 知識分子柳詒征、衛聚賢、顧頡剛均持此説，如顧頡剛在其《蘇州史志筆記之十八・吳國移徙路線》中稱：「吳之名，當由陝西之吳岳（即吳山，在寶雞西北）而來。」見陸振岳〈「句吳」與「吳」〉，《蘇州大學學報（哲學社會科學版）》2015年第3期。

9 即吳太伯。《史記卷三十一・吳太伯世家第一》：「吳太伯、太伯弟仲雍，皆周太王之子，而王季曆之兄也。季曆賢，而有聖子昌，太王欲立季曆以及昌，於是太伯、仲雍二人乃奔荊蠻，文身斷髮，示不可用，以避季曆。……太伯之奔荊蠻，自號句吳。荊蠻義之，從而歸之千餘家，立為吳太伯。」

巴與蜀：內亞民族與百越民族的融合

在人類文明的黎明（但不是人類遷徙時代的黎明）時期最早出現的文明體，按照蘇秉琦的說法，大致上可以將東亞最早出現的文明國家劃為六大文化區[10]。其中之一，巴蜀所在的這個區域，跟近代的西南官話[11]所覆蓋的區域基本上是相同的。近代西南官話覆蓋的區域，不僅包括今天陝西省南部、位於漢水流域的漢中和四川省的大部分，大渡河以東的那大半個四川，而且也包括了今天湖南和湖北的很大一部分地區。而這條模糊的邊界線，就是蘇秉琦所謂的六大文化區中的巴蜀文化所在的邊界線。這些地方在人類文明的黎明時期曾經出現過很多邦國，但是出現的時間有先後差異。最早出現的蜀以及其前身和後輩，可以說它們的內亞性是比較強的，包括我們今天在三星堆遺

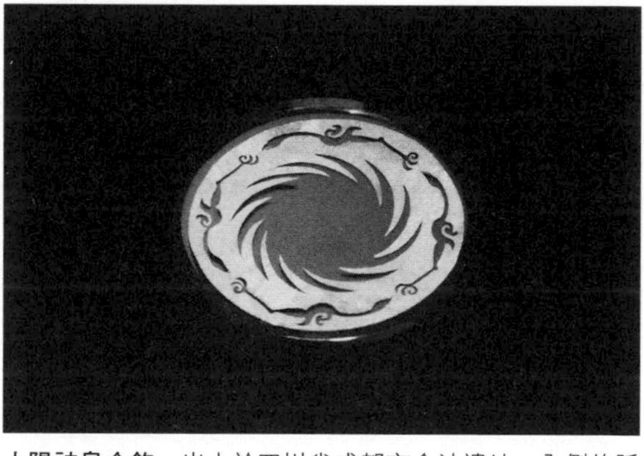

太陽神鳥金飾　出土於四川省成都市金沙遺址，內側的弧形光芒象徵太陽，外側則是四隻鳥型紋飾，象徵「金烏負日」。金沙文化的年代約在前一二五〇年至前六五〇年，出土文物中有許多珍貴精細的禮器、玉器，對於研究古蜀國具有重要的價值。

址看到的那些充滿西亞色彩的文物，像是那個著名的太陽神鳥金飾[12]和青銅樹[13]。

我們要注意，那個青銅樹有很大的意義，它在最早的蘇美神話中占有相當高的地位[14]。這個東西其實就是《聖經》裡的通天塔[15]的原型之一。或者說，《聖經》裡面的那個通天塔神話是這個天梯的不同版本之一。在最古老的兩河地區神話當中，這個神樹就是

---

10 蘇秉琦（1909—1997），河北高陽人，北平研究院史學研究所副研究員，中共建政後歷任中國科學院考古研究所研究員，北京大學教授、考古教研室主任，中國考古學會第一、二屆副理事長。曾在其〈關於考古學文化的區系類型問題〉（載於《文物》1981年第5期）一文中反對「黃河流域是中華民族的搖籃」的說法，提出東亞早期文明可分為陝豫晉鄰境地區（以仰韶文化為代表）、山東及鄰省一部分地區（以大汶口文化為代表）、湖北和鄰近地區（以大溪文化為代表）、長江下游地區（以良渚文化為代表）、以鄱陽湖—珠江三角洲為中軸的南方地區（以萬年仙人洞文化為代表）、以長城地帶為重心的北方地區（以紅山文化為代表）等六大考古文化區。

11 又稱上江官話，廣泛分布於四川、重慶、雲南、貴州、廣西、湖北、西藏等地，甚至是今日緬甸果敢自治區和佤邦的官方語言，使用者超過兩億人。

12 金飾即「四鳥繞日」，出現於成都金沙遺址的金器上，由鏤空的四隻神鳥環繞著中間鋸齒狀的太陽組成。

13 出土於廣漢三星堆遺址二號坑，完整大型神樹有兩棵。其中一顆有高三百五十九公分，有三腳架座，樹幹有三層樹枝共計九枝，上各有一鳥，樹幹底部有一龍攀附；另一棵有高一百四十二公分，毀損較嚴重，上有三杈，亦有鳥立。

14 如烏爾王陵出土的青銅神樹就有類似的金製樹枝，上飾帶翅的小山羊；土耳其出土的同時代青銅神柱也有類似的特徵。參見霍巍〈廣漢三星堆青銅文化與古代西亞文明〉，《四川文物》1989年第S1期。

15 又稱巴別塔，出自《舊約全書》的一則故事：人類在經歷「大洪水」之後來到了示拿（即美索不達米亞，位於今日的伊拉克），決定建造一座高到足以通天的高塔。上帝為了阻止人類，便把眾人的語言打亂，讓人類因無法溝通而放棄築塔，並四散各地。

三星堆出土文物　三星堆遺址位於四川省廣漢市，年代約在前二八〇〇年至前一一〇〇年，屬於青銅器時代，是了解古代巴蜀文明的重要遺址。出土文物不只驗證了歷史文獻對於古蜀國記載的真實性，也反映了古人的宗教觀，例如青銅樹（左圖）象徵連接天界與人間的「登天之梯」，青銅面具（上圖）、黃金面具（右圖）則推測和祭祀有關。

連接大地凡間和天神所住的天國的一條通道。後來的神話傳說中有一個悲愴的故事叫「絕地天通」[16]，也就是凡人所居住的大地和諸神所居住的天堂從此被隔離了開來，而這個故事經過多次變形，就變成了《聖經》中上帝不允許人類建造巴別塔，在巴別塔快要建成的時候終於把它毀掉了。其實最初的通天塔是一棵神樹，而不是人間的塔，但它的基本用途都是一樣的，就是多神教巫師用來溝通人類和仙界的通道。這些西亞文化的特點，在巴蜀都是存在的。

我們可以從考古學遺址的時間線大致上推斷出他們的來源。他們是從後來羌人所居住的武都一帶，沿著岷江上游逐步南下，進入成都平原西北部，然後越過四川盆地，又進入

16 《尚書．呂刑》：「周穆王曰：『若古有訓，蚩尤惟始作亂，延及於平民，罔不寇賊、鴟義、奸宄、奪攘、矯虔。苗民弗用靈，制以刑，惟作五虐之刑曰法。……虐威庶戮，方告無辜於上。上帝監民，罔有馨香德，刑發聞惟腥。皇帝哀矜庶戮之不辜，報虐以威，遏絕苗民，無世在下。乃命重、黎絕地天通，罔有降格。』」該故事的另一版本見《國語．楚語》：「楚昭王問於觀射父，曰：『《周書》所謂重、黎實使天地不通者，何也？若無然，民將能登天乎？』對曰：『非此之謂也。古者民神不雜。民之精爽不攜貳者，而又能齊肅衷正，其智能上下比義，其聖能光遠宣朗，其明能光照之，其聰能聽徹之，如是則明神降之，在男曰覡，在女曰巫。……民是以能有忠信，神是以能有明德，民神異業，敬而不瀆，故神降之嘉生，民以物享，禍災不至，求用不匱。及少皞之衰也，九黎亂德，民神雜糅，不可方物。夫人作享，家為巫史，無有要質。民匱於祀，而不知其福。烝享無度，民神同位。……顓頊受之，乃命南正重司天以屬神，命火正黎司地以屬民，使復舊常，無相侵瀆，是謂絕地天通。』」

今天雲南所在的地方。今天的白馬羌、武都羌，以及南方攀枝花一帶的所謂彝族（橫跨雲南、四川兩省的彝族），在血緣上、文化上和種族上都跟他們有非常密切的關係。根據列寧主義的民族發明學，他們被發明成幾十個不同的民族，但是其實這幾十個不同的民族有著非常古老而共同的來源。他們是蜀的先民，他們的內亞性是最明顯的。而向東則是時間比蜀稍晚的巴和楚，這就出現了我剛才講的那個貴族和平民的二元性。楚的特點和巴的特點都是，它的民間文化具有高度的百越特徵，而它的上層文化和貴族文化仍然具有內亞特徵。依據楚的神話傳說，楚跟祝融[17]集團有關係，這很可能也會追溯到外伊朗。而巴的最初傳說跟蜀的傳說比較接近，它們很可能具有同源性。這很可能是，在沿著河西走廊隴西的那條通道南

老彼得·布勒哲爾所繪的《巴別塔》 巴別塔出自《舊約全書》，是一座高可通天的巨塔，上帝為阻止巨塔的完工而打亂了人們的語言，使他們無法彼此溝通而放棄建築巨塔。劉仲敬將三星堆青銅神樹與西亞巴別塔相連結，指出兩個古文明具有高度關聯性。

下、東進的移民之中，有一支沿著岷江南下，另外一支沿著嘉陵江南下，最後經過了多次不同的混合，形成了巴和蜀之間的差別[18]。巴和蜀之間，蜀的內亞性更強，巴則是百越性更強。

在人類文明的歷史開始以後，隨著楚國的強大，上述的西南文化區被割裂了，楚文化占據了長江中游的地帶；跟他們本來親緣關係很近的巴人被切斷以後，被封鎖在四川盆地之內，漸漸跟蜀並稱，最後巴和蜀之間的關係漸漸超過了巴和楚之間的關係。但是從總體上來講，巴、蜀、楚所在的整個文化區內部的相似性仍然比其他五個文化區的相似性都要高。這個文化區在歷史上的重要性是在哪裡呢？它是一條連接內亞和東南亞的文明走廊。這條文明走廊在秦帝國這樣的大一統帝國成功建立以後不斷地遭到壓縮，最後壓縮到川西的峽谷地帶，壓縮到雲南與河西走廊之間，但是它始終存在。在這條走廊強大和通暢的時候，巴蜀就會強大和繁榮；在這條走廊遭到壓縮的時候，巴蜀就會變得貧困和沒落。但是在大一統帝國的歷史記載中，他們往往會寫出完全相反的歷史。

---

17 上古時代的火神，起源於東亞大陸的南方，至今仍以其他形態保留在廣東、湖南一帶的民間信仰中。祝融在戰國時代以後被編入中國神話體系中。另有一說認為祝融是一個以善於用火而聞名的部落，而非單一人物；本文指後者。

18 潘光旦，〈湘西北的「土家」與古代巴人〉，《中國民族問題研究集刊》第4輯（1955年），第58至59頁。

在巴蜀比較繁榮昌盛的時候，它的商業和技術更加先進的時候，農業財富對它來說並不是很重要；而在帝國統治下則恰好相反。什麼叫帝國統治？它的意義就像是路易十四進軍荷蘭或拿破崙占領荷蘭，它會把本來在城邦和多國體系之下非常繁榮的商業擠出去，擠到帝國力不能及的地方去。其實，這個過程在法蘭西絕對君主國發展的過程中已經發生過幾次了。布勞岱爾[19]就說過，香檳在香檳伯爵統治的時代曾經是歐洲的貿易中心，但是自從法蘭西王室吞併了香檳以後，貿易線就不得不向北方移動到法蘭德斯。他沒有說的是，在法國進一步強大以後，路易十四進攻荷蘭的時候，貿易線又進一步地從阿姆斯特丹移到了倫敦，造就了英國的繁榮。資本主義和商業的發達出自多國體系，這是很自然的現象，即使在今天也是如此。強大的跨國公司喜歡什麼樣的地方呢？它喜歡維京群島和安道爾這樣的地方。美國總統歐巴馬曾經有一個巨大的痛苦，就是因為美國公司很喜歡跑到安道爾這些地方去，從而實現它在美國逃稅的目的。

大國喜歡征斂，運用它強大的國家實力來壓迫資本主義，盡可能地殺雞取卵，追求短期的政治利益；而小國沒有這樣的能力，資本和人才很容易逃跑，因此它必須討好資本家。資本如果逃走了，對於小國來說可能是致命的打擊，對於大國來說卻並非如此。因此，資本主義的發展恰好是在大帝國以外的地方，在小國林立、多國體系最發達、組織度最高的地方，而不是像大一統愛好者所說的那樣，是在國家權力最強大的地方發展起來的。可以說這個規律適用於全人類文明的所有分支，無論是西亞和歐洲這樣比較接近於最古老文明的正宗，還是像東亞、非洲或者美洲這樣比較接近於人類文明旁支的地區。這就是為什麼在東亞文明當中，第一個最繁榮昌盛的時代就是孔子的春秋戰國時代，第二個就是蔡元培的時代，這兩個時代都是多國並立的時代，而大一統的時代從各方面來講，起到的都是壓制性的作用。

巴蜀在文明剛剛開始的時候是不與諸夏相通的。它不像楚國和吳國那樣具有二元性，一方面居住在百越的地方，另一方面又要參加諸夏各國的外交活動。巴蜀有自己的帝號系統，他們拒絕接受殷商一脈相傳的貴族爵位和尊號系統。按照諸夏歷史學家的記載，他們的統治者自以為功德高於三王，所以不服諸夏，製造了另外一套帝王稱號的體系，直到秦

19 費爾南・布勞岱爾（Fernand Braudel，1902—1985），法國年鑑學派第二代著名史學家、法蘭西學院院士。主張從「地理時間」、「人文時間」、「各別時間」來探討歷史研究，認為歷史可分為「短時段」、「中時段」、「長時段」，並指出史學家應著重在「長時段」的發展研究。代表作有《菲利普二世時代的地中海和地中海世界》、《15至18世紀的物質文明、經濟和資本主義》等。

國南下、越過劍門關、吞併了巴蜀[20]為止。而秦國吞併巴蜀的第一項措施就是，推行商君那種重視耕戰的措施。換句話說，要把統治的基礎從商業貿易轉向農業生產。順便說一句，「蜀」這個詞之所以裡面有一個「虫」字，就是因為它是世界上最早生產絲綢、以絲綢為貿易手段的地區。在秦國統治之前，巴蜀雖然也有自己的農業生產，但那不是它唯一的來源，而且分散的各個小邦也不可能進行大規模的耕作。在秦國征服巴蜀以後，才開始推行像鄭國在渭水流域一帶推行的大規模水利工程。

這個水利工程跟埃及法老統一埃及以後在尼羅河推行的水利工程是非常相似的，一方面它大量地增加了耕作面積、增加了農民的數量，另一方面它又極大地強化了統治者相對於臣民的優越性。埃及的農民處在怎樣的狀態呢？他們的土地定期被尼羅河淹沒，被尼羅河淹沒以後又被尼羅河河水的淤泥澆灌而變得肥沃。國王和他的官吏決定怎樣放水，決定河水淹沒哪些地區、淹沒多長時間，決定河水淹沒以後在土地重新露出來的時候怎樣丈量土地。農民是一個純粹的勞動力，他的土地是會肥沃還是會荒蕪，是會被河水沖毀還是會重新露出來，這一切都不是取決於他本人，而是完全取決於國王的代理人。農民就是一個簡單的勞動力，因此他沒有什麼政治權利。但與此相反的是，商業城邦或者是產業多元化的地方，它的臣民和統治者之間的距離不算太遠，統治者在相當大的程度上要依賴臣民，尤其是要依賴那些從事遠端貿易、能夠給它的邦國提供大量財富、但自己卻經常不住在本地、並不依賴於統治者的那些人。在這樣的邦國裡面就容易產生出開明的統治，發展出類似資本主義的政治結構。古代的希臘城邦、近代的荷蘭和義大利城邦以及英國、漢薩同盟[21]這些資本主義的起源地，都是這樣產生出來的，它們都是在多國體系當中產生的。

而秦國征服了巴蜀以後所產生的第一個效果就是，切斷了原本以巴蜀為核心的內亞到東南亞的貿易線，這條貿易線迅速地移動到我們後來所說的土司領地和今天雲南所在的各小邦。後來張騫在漢武帝時代試圖探索的蜀身毒道[22]就是這條道路。但是他沒有考慮到，

---

20 前三一六年，秦將司馬錯乘蜀內亂之機伐蜀，將蜀降為秦的附庸國；前三〇一年，司馬錯再次伐蜀，進一步將蜀國廢為郡縣。

21 漢薩同盟（Hanseatic League），十二至十七世紀在神聖羅馬帝國與條頓騎士團諸城市之間所形成的商業、政治聯盟，壟斷波羅的海地區貿易。一三六七年成立以呂北克為首的領導機構，另有漢堡、科隆、不來梅等大城市的富商、貴族參加，全盛時期的加盟城市多達一百六十個。十五世紀中葉以後，隨著大西洋新航線的開闢，葡萄牙、西班牙以及荷蘭、英國等海權國家的陸續崛起，使漢薩同盟漸趨衰弱。漢薩（Hansa）一詞在德文中意指「商會」、「會館」。

22 又稱「西南夷道」，秦漢時連接四川盆地與緬甸、印度北部的貿易路線。前一二二年，張騫從西域歸來，向漢武帝報告當地有從東南「身毒國」（北印度）來的蜀布、邛竹杖等商品，引發漢帝國用武力開闢蜀身毒道的嘗試，但連遭失敗，直到東漢明帝永平十二年（69），才打通與撣國（今緬甸）的交通。見《史記・西南夷列傳》、《後漢書・南蠻西南夷列傳》等。

占天險之利的蜀道　巴蜀境內山環水繞，地勢險峻，易守難攻，詩人李白便曾有：「蜀道之難，難於上青天！」的感歎。蜀道不只具有軍事價值，如有「一夫當關，萬夫莫開」之歎的劍門關（上圖），還具有商貿功能，例如以東亞的茶葉、絲綢交換內亞戰馬的茶馬古道（左圖）。

這條道路之所以能夠存在，之所以會移動到他看到的那個地點，恰好是因為秦帝國和漢帝國試圖將巴蜀跟核心地帶——也就是中央的平原地帶一起併入帝國的郡縣統治的結果。如果漢帝國的軍隊繼續前進、占領了夜郎和滇國的話，那麼貿易線就會進一步向西、向南移動，夜郎和滇國也會像過去的巴蜀一樣失去自己作為貿易中心的地位。相反地，如果帝國撤出巴蜀，那麼他在滇、夜郎和各土司當中所看到的繁盛財富也就自然而然地會移回到巴蜀來。但是，他作為帝國大臣，是不可能意識到這一點的，至少也是不可能承認這一點的，也就是說，他自己為之服務的帝國正是導致貿易衰亡和文明退化的主要因素；相反地，他的時代的史書將會更加讚揚像李冰這樣的功臣，因為他把蜀人變成了農民，變成了農業生產者。

巴蜀文字：解讀古文明的關鍵鑰匙

事實上，在巴蜀歷史的每一個階段，其實這也是長江以南各邦歷史的共同特點，這些國家的歷史總是在北屬時期[23]和獨立時期之間交替（帝國的歷史學家把獨立時期稱之為割據時期，盡可能地貶低這些時期），而北屬時期和獨立時期的交替在經濟上所反映的就是耕作和貿易的此消彼長。凡是北屬時期和帝國統治時期，總是特別強調水利和農田的建設，以農業為財富和國力的唯一基礎，盡可能使人民馴化；而分裂時代、小邦林立的時代、各國獨立的時代則是更加強調商業貿易和經濟作物的種植；這是一個普遍規律。

在諸夏這樣一個多國體系和秦所開創的中國這樣一個帝國體系之間的鬥爭中，巴蜀是站在最前線的。秦，我們都知道，是「支那」和「中國」這些詞的來源。而秦平定整個東亞，首先就是從吞併蜀國開始的。吞併了蜀國以後，它才能取道夜郎，取道湘西，抄楚國的後路，最終消滅了東方諸侯國，實現了東亞大陸的整個統一。可以說，蜀意味著諸夏時代和孔子時代的多國體系與秦始皇時代的帝國體系這兩種體系生死鬥爭的最前線。蜀的獨立就預示著帝國的解體，蜀的沒落也就意味著帝國的興盛。後來所謂的「天下未亂蜀先亂」[24]，實際上是對巴蜀作為東亞大陸政治晴雨表作用的一個具有民俗性的小小概括。

秦人吞併了巴蜀，用巴蜀的財富和地緣優勢吞併東方六國，在巴蜀建立了一個郡縣化的基地，因此秦漢以來的作家一直認為秦是暴政的象徵。但即使是秦，雖然它在古代世界是暴政的象徵，但是它的統治力度仍然只能籠罩上層文化，不足以把整個民間系統完全涵蓋下來，這跟現在的共產主義和近代極權主義創造的統治技術，在強度上還是有很大差別的。這個差別就典型地體現在巴蜀文字上面。李學勤[25]把古典時代的巴蜀文字分為甲種巴蜀文字和乙種巴蜀文字。它在世界文明史上的地位當然遠遠不如商博良（Jean-François Champollion）[26]所破譯的埃及文字來得重要，但是對於巴蜀來說它卻是最早的文化和文明的結晶體。

在張儀和司馬錯那個時代，也就是秦國征服巴蜀以前，在巴蜀出土的所有古籍當中沒有出現過秦國和諸夏的任何一種文字，都是甲、乙兩種巴蜀文字。在秦國吞併巴蜀以後，巴蜀的遺跡中就會同時出現兩種文字，一種是跟秦國使用的官方文字按照同一種節奏發展的文字，例如篆字、隸書和以後的各種文字，可以看出它們是秦國管理政府事務的公務員（也就是所謂的吏）所使用的文字；另外一種文字則是在秦國征服以前就在使用、在秦國

23 引用越南史上的「北屬時期」（前207—938，此時越南被中國直接統治）來形容長江以南各邦經常在獨立、被中國統治這兩個狀態之間交替。

24 參見歐陽直《蜀警錄》。

25 李學勤（1933—2019），清華大學教授、出土文獻研究與保護中心主任。曾在〈論新都出土的蜀國青銅器〉（載於徐中舒主編的《巴蜀考古論文集》，文物出版社，1987年）一文中將出土所見巴蜀文字分為甲、乙兩類，認為甲類圖形意味濃厚，可能有音符義符的分別，乙類則是接近漢字的方塊字。

26 尚—法蘭索瓦・商博良（Jean-François Champollion，1790—1832），法國語言學家、歷史學家、埃及學創始人，在成功譯解羅塞塔石碑（上面刻有古埃及象形文字、古埃及通俗文字以及希臘字母）後，編製了埃及文字與希臘字母的對照表，對日後學者解讀古埃及文獻有很大的幫助。

征服以後仍然在使用、最後一直到漢帝國張天師[27]的時代仍然在漢中和巴蜀的考古遺跡中出現的文字，也就是乙種巴蜀文字。由於乙種巴蜀文字至今還沒有被破譯，因此我們對巴蜀文化最古老來源的了解遠遠不如商博良以後的考古學家對埃及文明的了解。我們只能夠透過現有的資訊來看，這種文字從形態上講仍然是方塊字，跟古老的埃及文明是相近的。

甲種巴蜀文字比較簡陋，看上去像是一個小小的圖畫。諸如此類的文字在美洲印第安人的遺址中和最古老的埃及遺址中也產生過，可以把它看成是人類在即將發明出文字、但是還沒有正式形成文字時的一個過渡狀態。它跟圖畫的區別不是很大，你從它畫出的圖畫大致上可以看出是什麼東西。例如，描繪一隻雞的文字跟實際上的一隻雞很相似，描繪一頭豬的文字跟現實的一頭豬也很相似。從這種類似畫畫的表達方式就能看出它們的原始性。可以想像的是，最古老的先民是用畫畫的方式來傳遞資訊的，如果我要說豬的事情就畫一頭豬，要說雞的事情就畫一隻雞。然後隨著文明程度的進一步發展，這些文字才進化成為寫意程度更高、跟原先的所指不大相同的詞，而且也產生了除名詞和實詞以外有其他意義、沒有直接所指的各種虛詞。甲種巴蜀文字大致上來講跟圖畫沒有什麼區別，而乙種巴蜀文字就已經高度抽象化了。你可以看出，它仍然具有方塊字的許多特點，不是表音文字，但是你已經不能夠直接從它的筆劃上看出它原來的意義了。

我們要注意，方塊字在人類語言和文化的進步當中是一個中間階段。人類最早的傳遞資訊方式當然就是圖畫；第二步，正如在埃及、巴蜀和美洲印第安人的遺址中所發現的那樣，是類似方塊字的文字；第三步才是拼音文字。最早的拼音文字也是方塊字的簡化，但是它最終把文字的偏旁部首簡化成為字母，從而產生了更迅速且方便的資訊傳播方式。但是極少數文明，像古埃及文明和東亞文明，還有美洲印第安文明，就停留在第二步，再也沒有進步到第三步。這種現象在生物演化中也是很常見的，例如，鯊魚和蟑螂這兩種生物就比我們見到的大多數動物都要古老得多。海洋裡面的大多數動物，包括藍鯨、虎鯨之類的動物，都是最近幾百萬年才出現的，而鯊魚比牠們古老得多。我們今天看到的大多數昆蟲也是最近幾百萬年才產生出來的，而蟑螂的歷史比牠們要長十幾倍，因此留下了很多原始的特徵。

東亞上古時代的各種文字，大致上跟中東最古老的文字一樣，也是方塊字。但是中東作為文明的核心區，很早就越過了這條邊界，創造出了人類最早的拼音文字。拼音文字繁殖和分化的速度很快，結果現在世界上絕大部分文字都是拼音文字。殘存的方塊字，

27 即張道陵（34—156），東漢豐邑（今江蘇豐縣）人，蜀地天師道創始人。

最大的一批就是在東亞，也就是我們所認識的漢字。但漢字並不是唯一的方塊字，除了巴蜀文字以外，還有後來發現的女書[28]之類的，它們也都是有別於漢字的其他方塊字文化系統。如果我們能夠破譯這兩種巴蜀古典文字，那麼巴蜀文明在歷史敘事中所占的地位大概會跟古埃及差不多。

巴蜀文字在秦帝國和漢帝國統治之下繼續存在，這就說明巴蜀的民間社會並沒有真正消亡。作為帝國統治者和民間社會銜接點的巴蜀士大夫階級，像揚雄[29]之類的人，在漢帝國的統治下仍然跟諸夏核心地帶的士大夫階級有很大的差別，以至於班固在《漢書》中對他們多所批評。這些批評的正確性我們可以不考慮，但是從批評的內容就可以看出，原來屬於殷周故地的那些諸夏各邦的儒生認為，巴蜀地方的儒生雖然名義上也是孔子的門徒，但是作風不正，所以我們跟他們不是同一個文化區。這種看法就像是出生於阿拉伯的伊斯

巴蜀圖語 是一種分布在前九世紀至前一世紀古巴蜀文明的銅製兵器、樂器上的象形文字。一開始被視為裝飾性質，後來才確認是巴蜀文字的起源。圖為刻在青銅器上的巴蜀圖語。

蘭教徒對出生於伊朗的伊斯蘭教徒的看法是差不多的，最後他們不得不透過什葉派和遜尼派的方式分裂開來，說明他們即使是統統皈依了伊斯蘭教，但是文化區域的分裂仍然是在文明的底部反覆出現。

從中古到近世，由強盛到衰弱

中古時代的巴蜀就在這種分裂和統一、獨立和北屬的交替中前進。中古時代的巴蜀主要依靠後來史書中所謂的青海道[30]來維持跟內亞的聯繫，依靠蜀身毒道維持跟印度和東南亞之間的聯繫。但是，這種聯繫是時斷時續的。也就是說，在帝國瓦解、分崩離析、巴蜀的當地政權重新爭取到獨立的時期，商路就會繁盛；而帝國重新統一，也就是中國史學家

---

28 湖南江永一種專用於女性間交流的書寫符號系統，起源時間不詳，一般認為是以源自漢字的表音符號記載當地土著語言的產物，類似日文假名系統。

29 揚雄（前53—18），西漢文學家、哲學家、語言學家，蜀郡成都人。早年投入辭賦創作，日後轉而研究哲學，提出「玄」乃宇宙萬物之根源，又投入語言學研究，敘述各地的方言，著有《蜀都賦》、《太玄》、《方言》等書。

30 又稱「吐谷渾道」、「河南道」，兩晉南北朝時連接四川盆地—關中平原與西域地區的貿易通道；因北線主要經過祁連山以南的青海湖地區，故得名「青海道」。

所謂的「盛世」，這些商路反倒會退到巴蜀以外去，於是巴蜀的墓葬和其他考古遺址又要重新出現貧困化的跡象。這些考古記錄所顯示的貧困化時期，恰好就是中國歷史學家所描繪的盛世，正是畝產了不知道多少萬斤糧食[31]、出現了很多著名官吏的時代。從這兩種相互矛盾的資訊樹你也就可以看出，作為獨立文明體系和獨立國家的巴蜀，它的利益與作為帝國糧倉和奶牛的巴蜀之間是截然對立的，不可能同時繁榮的。

在商路打開、青海道打開的時代，來自內亞的商人就要大批進入巴蜀。例如，在諸葛武侯統治巴蜀、企圖北伐的時代，儘管諸葛武侯和他的政權可以說是一個相當於台灣蔣經國政權那樣的流亡政權，他們的最大理想並不是建立獨立的蜀國，而是企圖反攻大陸，打回洛陽去，但由於蜀國事實上是一個獨立國家，而且占據的農耕區域也不大，所以它要對抗強大的、擁有巨大人口和土地面積的中國統治者，就必須往其他方面去想辦法。除了涸澤而漁地徵收成都平原的糧食產物、用國有企業的方法發展絲綢貿易以外，最重要的方式就是，透過利用早已存在、在分裂時期更加強大的青海道，獲得內亞人的支持。內亞商人，特別是薩珊時代[32]的外伊朗商人，需要巴蜀獨立政權，因為他們需要透過這條道路前往印度和東南亞。

在《三國志》和《後漢書》的記載當中，諸葛武侯北伐的時候動員了涼州[33]的各國國王參戰，有幾十個涼州的國王帶著他們的兵馬參加了諸葛武侯北伐的部隊。我們可以合理推測，這些史書上所謂的各國國王，實際上也不過就是唐高祖和唐太宗消滅涼州李軌政權[34]的時候曾經跟他們合作過的那些外伊朗商人。這些配合唐人消滅李軌政權的外伊朗商人，直到唐玄宗那個時代都還存在。唐人和安祿山作戰的時候，也就是依靠這些僑居河西走廊的外伊朗商團的武力，封他們的首領為節度使，動員他們的兵力去攻打同樣是外伊朗和突厥混血兒的安祿山集團。只有內亞人才能打敗內亞人，這就跟國民黨和共產黨都離不開蘇聯的盧布和軍火是一樣的道理。東亞的普通農民和編戶齊民沒有什麼戰鬥力，能夠提供的財富也僅僅只有糧食而已。所以，每到關鍵時刻都要依靠內亞人。

從軍事上來講，諸葛武侯依靠這些涼州的酋長或者商團領袖的助力；從經濟上來講，

31 「畝產萬斤」是中國大躍進時期的用語。

32 薩珊王朝（224—651），在中古波斯語裡指「雅利安人的帝國」，上承安息帝國、下接阿拉伯帝國，是伊斯蘭征服前的末代波斯王朝，古波斯文化在此期間達到巔峰。領土範圍涵蓋今日的伊朗、伊拉克、阿富汗、敘利亞、高加索等地，與同時代的羅馬帝國共存超過四百年。

33 行政區名，西漢元朔三年（前126）設置，治理今日的甘肅武威，轄區大致相當於河西走廊地區。

34 李軌（6世紀?—619），隋末唐初甘肅河西地區的統治者，於六一七年自稱河西大涼王，六一八年改稱涼帝，拒絕投降唐帝國，六一九年唐使安興貴（6世紀—7世紀）勾結胡兵發動兵變，將李軌俘至長安（今西安）問斬。

他也依靠這些人帶來的技術。當時，何家、康家這些從姓氏上一看就是屬於外伊朗人的商團領袖，在蜀國政權的邀請之下進入巴蜀。同時考古記錄還顯示，除了這兩種對於統治者來說相當重要、必須載入歷史的人以外，還有另外一種對統治者來說不太重要、因此不怎麼記載的人，也就是宗教人士。來自外伊朗的佛教徒和拜火教徒順著青海道成群結隊地進入巴蜀，在巴蜀建立寺院，傳播他們的宗教。而這些寺院按照兩河和外伊朗地區的慣例，通常是兼業經商的，他們很快就變成了當地的經濟中心。在南朝宋、齊、梁、陳關於佛教史的記載當中經常見到，來自巴蜀的佛教徒或者拜火教徒同時也是很多商團的船主，載著大批奇珍異寶和財貨來到江東貿易，然後在洪州或者建康這些地方居住下來，開始蓋他們的佛寺，把他們的宗教傳播到各地。

從考古學的記錄上來看，中古時期的巴蜀文化大致上是薩珊時期伊朗文化的分支的分支。薩珊時期的伊朗文化，透過外伊朗各城邦，首先輻射到慕容氏鮮卑帝國[35]所統治的青海，然後進一步輻射到巴蜀，再透過巴蜀向東、向南輻射。這個時期的墓葬和考古遺址的特點就是，它們出土了大量的羅馬系和波斯系的玻璃製品。在漢字的記載當中，這些現象被稱之為佛教化和印度化，但是這些墓主不一定是佛教徒，其實有很多是拜火教徒，我們將它稱之為伊朗文化的東漸。巴蜀的墓葬大致上是青海各墓葬的翻版，而青海的墓葬大致上又是撒馬爾罕、布哈拉這些外伊朗城邦墓葬的翻版。

只要這條道路繁盛的話，那麼一方面，無論官方記載怎麼說，巴蜀的商業都是繁榮的，民間文化都是昌盛的；另一方面，這種繁榮的商業和發達的民間文化構成了巴蜀地方領袖不軌之心的基礎。正如晁錯對漢景帝所說[36]，吳王他到底有沒有反心那是不重要的，最重要的是，吳國「即山鑄錢，煮海為鹽」，在經濟上和政治上他都具有反叛的實力。他有反叛的實力，所以早晚要反叛。唯一避免他反叛的方法就是，不能讓他有反叛的實力。怎樣才能不讓他有反叛的實力呢？就是要讓他們變得跟我們一樣窮困，要讓他們具有地方色彩、具有地緣優勢的特色產業徹底消失，像我們一樣變成只會種地的農民。那時候他們既沒有錢又沒有武器，自然就反不起來了。

這種計策是歷來中國統治者壓制諸夏反叛勢力的不二法門。但是正如我們所知，在中

35 即吐谷渾。《宋書・卷九十六・鮮卑吐谷渾》：「阿柴虜吐谷渾，遼東鮮卑也。父弈洛韓，有二子，長曰吐谷渾，少曰若洛廆。若洛廆別為慕容氏，渾庶長，廆正嫡。父在時，分七百戶與渾。渾與廆二部俱牧馬，馬鬥相傷……於是遂西附陰山。遭晉亂，遂得上隴。」

36 出自班固，《漢書・晁錯傳》：「吳王即山鑄錢，煮海為鹽，誘天下豪桀，白頭舉事，此其計不百全，豈發虖？何以言其無能為也？」

古時期，這種計策面臨著極大的挑戰。巴蜀通向南海和外伊朗的商路使地方變得太富裕了，因此自然就產生出各式各樣的政權，從諸葛武侯的政權開始，一直到南朝梁的武陵王蕭紀[37]的政權結束。諸葛武侯依靠伊朗商團的武器技術和援軍北伐曹氏和司馬氏，而武陵王蕭紀又依靠同一撥人，也就是諸葛武侯統治時期移入成都平原的這些中亞人的後代，給他們籌款，給他們製作武器，率軍東下，企圖毀滅梁元帝在江陵的政權。

這時，關中的宇文氏鮮卑政權[38]偷襲他的後路，使他東下征服吳楚的大夢沒能實現。但是宇文氏和鮮卑人的統治實際上對河西走廊和雲南高原、印度東南亞的暢通還沒有明顯的損害，因為宇文氏也是出身自內亞的，而且宇文氏時代的河西走廊從很多旁證上來看是一個四通八達的通道。名義上屬於長安朝廷的統治者可能只能統治城市本身，他沒能阻止突厥人越過河西走廊到青海高原進攻慕容氏，也不能阻止慕容氏越過關中。北周的統治者應付這些穿越性作戰的方式，就是只派外交代表和少量的禮儀性部隊，站在勝利者一邊，配合勝利者去進攻另一方。從這些戰爭就可以看出，無論是青海慕容氏還是內亞草原的統治者，都是相當富裕和強大的。

從文化上來講，新道教的產生，無論是漢帝國分崩離析時代的張道陵的天師道，還是大成政權的國教——范長生[39]在青城山的道教系統，或是後來混合了佛教、道教和拜火教色彩的新式寺廟（也就是李白過去在峨眉山修仙的那些寺廟），它們都跟內亞—南洋交通線的繁盛很有關係。李白，我們知道，他其實從血統上來講具有中亞人的血統也是很有可能的。他為什麼會跑來跑去，跑了一定時間又要跑到峨眉山去修仙學道呢？後來的人把這單純地解釋為文學家的浪漫，或者解釋為他本來就是一個道教徒，但這都是不太對的。李白如果有什麼宗教信仰的話，他所信仰的可能也不是明清時代的那種所謂的道教，而是中古時代（包括唐帝國初期和魏晉南北朝時期）在東亞非常流行的那種混合了拜火教和內亞佛教特徵的混合宗教。這些宗教在內亞和東亞再度被隔離以後，逐步分化和退縮為佛教和

37 蕭紀（508—553），字世詢，梁武帝蕭衍第八子，梁元帝蕭繹之弟。五三七年任益州刺史，為政有寬和之名，重視與吐谷渾等國通商，任用何細胡等粟特商人管理財政。侯景之亂平息後，於五五二年在成都稱帝，東下進攻梁元帝所在的江陵，因遭西魏攻占益州基地，軍心動搖，戰敗身死。

38 指西魏帝國。當時的西魏皇帝雖為元欽（拓跋鮮卑），但大權其實掌握在權臣宇文泰（宇文鮮卑）手裡。

39 范長生（218—318），又名延久、重久、文（或支），字元，涪陵丹心人，張道陵創立的天師道信徒。三國時期初年，在成都一帶招收門徒，成為當地天師道首領，駐西山（今青城山），劉備、劉禪都曾加賜封號。西晉太安二年（303），氐人李流、李雄率反晉流民軍據郫城，時蜀中蕩然，軍糧不繼，范長生資給其糧食，使其轉危為安。李雄欲迎立范長生為帝，范推辭，勸李雄自立。三〇六年，李雄稱帝，建立成漢國，以范長生為丞相、西山侯，加封「四時八節天地太師」，「複其部曲，軍征不預，租賦一入其家」（《華陽國志》）。范長生死後，其子范賁繼任丞相。三四七年李氏政權被東晉消滅後，范賁被成漢殘餘勢力推舉繼皇帝位，蜀民多歸附。後戰敗被殺。

道教，但是它們最初的起源點其實是混合不分的。新道教，我們都知道，跟古典時代的道家並不是同一回事，而是跟中古時代的佛教有非常密切的關係，它正是在這種文化刺激下所產生的。中古時期仙道（在李白那個時代還有殘餘的仙道）在巴蜀的盛行，必然跟這方面的文化交流有關。同時，最初是在撒馬爾罕和布哈拉流行、後來才傳播到吐蕃和唐帝國的織錦技術，也是在這一時期開始在成都紮下根的。跟李白屬同時代的杜甫在成都嘆為觀止的那種織錦技術，也就是在這一時期所產生出來的。

中古時期的結束，是一個漫長的時間過程，而不是一個時間點，涵蓋了從武則天時代開始的唐帝國後半期，直到宋帝國最終攻滅巴蜀獨立政權為止。這個時期，東亞不同邦國和地區發展的速度不等，但最終效果是一樣的，也就是切斷了東亞和內亞之間貿易和技術的交通線，滿足了東亞新儒家士大夫的驕傲和自尊心。他們認為，鮮卑人色彩、內亞人色彩極強的唐帝國和五胡亂華時代的各邦國一樣，都起了危險的破壞作用。在他們所處的時代，番將和番商招搖過市耀武揚威，而孔子經典的讀者卻窮困潦倒。唐人家法不正，至於唐帝國以前的北周、北魏以及五胡十六國就更不用說了，那就純粹是胡人的勢力。在這一時期，民間佛教繁盛，人民不聽儒生的話，反而非常崇拜胡僧。在朝廷上，統治者要籌款的時候就去找波斯商人，需要打仗的時候就去找外伊朗和突厥的雇傭兵。儒生的地位很低，儒家學派的發展也停滯了。

宋帝國扭轉了這個歷史趨勢，重新樹立了東亞中心主義，樹立了「王者不治夷狄」[40]的東亞文化泛民族主義。但付出的代價是，東亞在商業上和技術上都跟世界最先進的地區隔離了。唐帝國主要的技術傳播來源是受伊朗文化影響的河中地區，宋帝國時期技術創新的中心已經移動到地中海東部，透過阿拉伯商人，沿著印度洋到東南亞的航線，也一部分波及到東南亞。但是宋人大致上來講就像布勞岱爾描繪的香檳一樣，被排斥在這兩條貿易線之外，以至於金兵南下的時候，宋人的技術已經空前退化了。宋帝國的正規軍實際上有很多是穿著用硬紙板做成的鎧甲[41]；而儘管金人被宋人作家和現代作家描繪為純粹的野蠻人，也許他們不會像歐陽修和蘇東坡那樣吟詩作賦，但是他們的武士正如岳飛和韓世忠領教過的那些鐵浮屠[42]一樣，是西歐人所謂的重甲騎兵，是披著鎖子甲的騎士和披著鎧甲的

40 出自蘇軾，〈王者不治夷狄論〉：「論曰：『夷狄不可以中國之治治也。譬若禽獸然，求其大治，必至於大亂。先王知其然，是故以不治治之。治之以不治者，乃所以深治之也。』」

41 紙甲最早出自南北朝時，本是普通鎧甲短缺時的應急代用品，後宋、明兩朝大量裝備軍隊。透過將紙厚疊來實現防護效果，但若不濡濕則防護力欠佳，濡濕則重量不減於鐵甲，且極易損耗，唯一顯著優點是製作不需特別技術，材料易得而且廉價。

42 指人馬皆披鐵甲的重騎兵。「浮屠」即「佛塔」，取其高大之意。

戰馬；穿著紙鎧甲的宋軍，在他們面前當然不堪一擊。

而這種現象有很多技術上的原因，包括儒家歷史學家所說的奸臣作祟，以及統治者的低能，都是重要原因，但最根本的原因還是因為，第一，東亞自從文明開始就是遠離世界文明中心的；第二，東亞統治者越是強調自己的統一，越是強調自己的正統性，就越是會製造出一條思想上和技術上的長城，越是堅持大一統主義和削藩，地方上的活力就越弱。宋帝國統一的結果是，把原先在唐帝國和五代時期都非常繁盛的各種銅器製造業擠到了青海的吐蕃部落那邊去了；當然，發揮這種效果的也絕不僅僅是青銅器製造這方面。大一統的政權，一方面在官方意識形態上主張排斥來自中亞的宗教和文化，一方面在經濟上提倡農業，提倡國營企業所管理的鐵器和青銅器生產，使得私營企業不得不越過邊境，逃到那些蠻族小邦所統治的地區。這兩方面的政策相結合，以王安石變法的國家社會主義精神為最高峰，徹底毀滅了宋帝國的財政能力和戰鬥力，但它確實是極大地增加了宮廷的收入，照現在的說法來講就是實現了把國有企業做大、做強的目的，至於國有企業生產出來的鎧甲和兵器是如何的不中用，那就是另外一回事了。

中古時期的沒落是巴蜀真正的沒落。巴蜀在中古時期繁榮的根源——青海道，在很長的一段歷史時期、上千年的歷史時期，都未能重新繁榮起來。巴蜀通向東南亞和印度的通道仍然時斷時續地維持著，但主要從這條通道上享有利益的是大理和川滇的各個土司。所以明帝國官吏在進入雲南和四川南部的土司領地時都驚訝地發現，這些統治範圍不過一縣之大的土司卻擁有很多黃金和白銀的器皿。他們覺得這些人是極好的敲詐對象，這種敲詐又激起了明帝國時期長達三百年的土司戰爭。在近世時期，也就是從宋到清這段時期，巴蜀在郡縣制統治下的農業地區實際上是衰敗了。作為農業財富的提供者，他們沒有辦法跟太湖流域和兩湖地區的種植者相比。而原先使巴蜀文化具有特殊性質、使他們可以跟東亞其他各地競爭、甚至淩駕於後者之上的那些特色產業，他們的技術來源其實都是來自於伊朗和印度，隨著交通線的衰竭而逐步消亡。明清時代的巴蜀在技術上來講是乏善可陳的，至少無法跟吳越和南粵競爭。它唯一可以自豪的就是它的水利工程，培養出大量的農業人口，但是農業人口和農業人口產生出來的儒家士大夫仍然不能跟吳越的農業人口和儒家士大夫相比。

這種危險的局面，最終在政治上就體現為張獻忠的大屠殺。張獻忠的大屠殺之所以能夠成功，就是因為巴蜀本身缺乏一個強而有力的士紳階級和土豪階級。如果有這樣的人，他們就可以像曾國藩那樣組織自己的鄉兵和民兵，至少是可以及時地向滿洲人投降，請滿洲人來維持秩序，而不至於遭到張獻忠的長期屠殺。張獻忠的進展如此順利，本身就反映了近世的巴蜀在社會上和經濟上的衰敗。這種衰敗的趨勢一直維持到一八六〇年，隨著條約體系延伸到巴蜀才得以逆轉。明清時代的巴蜀是，雖然有一點農業財富，但也不是第一流的；儒家士大夫的學術成就雖然也有一點，但也是遠不如吳越的；論戰鬥力呢，他們又遠遠不如來自內亞的各個部族。因此無論從哪一方面來講，他們都已經墮落到即使按照東亞標準都是第三流、第四流的水準了。一八六〇年的條約體系打開了揚子江（長江）國際通道，允許英法聯軍的艦隊在揚子江巡邏。威妥瑪的《煙台條約》[43]可以說是近代巴蜀的真正起點。可以這麼說，在威妥瑪來到東亞以前，滿洲人統治下的巴蜀除了賦稅比較輕、政治比較開明一點以外，並不比朱元璋家族統治下的巴蜀要好得多。滿洲人把巴蜀的賦稅標準普遍調低了，而這個優惠政策也普遍適用於長江以南的各地，例如贛、湘、吳越。但僅僅是農業財富的恢復，並不足以產生出一個具有承擔政治能力的紳商階級。這些人是在一八六〇年條約體系以後才開始產生的。

長江開通，盛世再臨

一八六〇年條約體系，特別是威妥瑪透過《煙台條約》的干涉，使英國領事館和英國商團進駐重慶。重慶是近代巴蜀的上海，是巴蜀近代化的真正動力。自從重慶海關設立以後，巴蜀的財富就開始渡過了近世時期的低谷期，開始進入我們可以稱之為一個「拉美式現代化」的過程。出口物資在重慶開埠以後的最初三十年之內，以每五年增加一倍的速度增長，而且這還僅僅是統計範圍內的資料。最重要的是政治上的變化。由於英國領事和英國商團的存在，使朝廷及其官吏的聚斂行為受到了極大的限制。同時，滿洲帝國早期的地方財政體系基本上是因襲明帝國萬曆時期的地方財政體系，以農業財富為中心，完全依靠有限的田賦供應。在太平天國戰爭以後、在一八六〇年庚申之役[44]以後的漫長時間內，這些稅收已經遠遠不足以應付新時代的開支。如果按照以前的辦法，按照明帝國末年的辦法，那麼要麼就是加餉，導致張獻忠、李自成遍地，要麼就是衙門因為缺乏辦公經費而陷

43 一八七五年二月二十一日，探查緬滇陸上交通的英國探測隊在雲南蠻允與當地土司發生衝突，隨隊的駐清公使館翻譯馬嘉理等人喪生。英國公使威妥瑪借機向清方施壓，於一八七六年九月十三日與李鴻章在煙台簽訂善後條約。主要內容為：清帝國向英賠償二十萬兩白銀，並遣使前往英國表示「惋惜」；推進滇緬間往來通商事宜；擴大英國治外法權；增開宜昌、蕪湖、溫州、北海四處通商口岸，准許英商船在銅陵大通、安慶、湖口、沙市停泊起卸貨物，各口租界免收洋貨厘金；英國可派員駐紮重慶，監督通商事宜；英國可派探路隊由甘肅、青海、四川、印度入藏。

44 第二次鴉片戰爭末期，英法因公使前往北京交換《天津條約》文本受阻，於一八六〇年八月再次派聯軍由大沽口攻占天津、北京，咸豐帝逃往熱河。十月，恭親王奕訢與英法代表簽訂《北京條約》。因一八六〇年為農曆庚申年，故得名「庚申之役」。

入衰敗之中，地方秩序完全崩潰。但是由於條約體系的存在，一種新型的統治形式從上海傳到了巴蜀，事實上也傳到了諸夏各邦，極大地增加了地方士紳的權力，這就是所謂的「公局」。

「公局」這個詞跟「工部局」是同一個意思。無論是寫成「杜工部」的「工」，還是「公共事務」的「公」，指的都是同一個意思，指的都是歐洲式的——特別是英國式的代議政體，也就是由地方上富有的、負責納稅的人派出他們的代表組成議會，由這個議會監督政府的施政和財政收入的使用。所謂西方資產階級民主的名言「沒有代表就不納稅」，就是根據這種政治原則而形成的。我們要注意，這是一種資產階級民主，它的意思就是，如果你不是納稅人，那麼國家的事情

英國駐華公使威妥瑪（中坐者）與清帝國官員合影
一八七五年，因英國人馬嘉理在雲南被當地人殺死，英國公使威妥瑪與朝廷大臣李鴻章於隔年展開談判，最終簽訂《煙台條約》，清帝國被迫增設宜昌、蕪湖為通商口岸；而被視為「煙台條約續約」的《重慶條約》，則讓重慶得以正式開埠，展開現代化。（本圖攝於一八七九年）

你就不應該管。資產階級民主的意思就是，你首先要賺到足夠的錢，然後你才有資格當議員。無產階級是沒有資格當議員的，因為道理很簡單，如果你連讓自己的家富裕起來的能力都沒有的話，那麼讓你當了議員，你怎麼能使國家富裕起來呢？統治國家的事務，尤其是財政的事務，是屬於資產階級而且僅僅屬於資產階級的。

這種統治原則在滿洲帝國權力衰退的情況下首先產生了上海工部局，也就是上海市議會。在巴蜀，它雖然沒有產生像上海工部局這樣總管一切的議會機構，但是它產生了很多獨立的財政機構。大致上是，每一次地方上產生新的、需要財政支援的事務，地方士紳和商人（例如重慶的八大商幫，或者是各縣的大地主、大士紳）就會組織他們自己的代表，成立一個局。這個局可以叫作夫馬局[45]，或者叫作其他什麼局，這個局的名稱就反映了它要辦理的事務。每一項事務都是原來衙門所徵收的那些稅務所不能支援的，因此需要增加

45 嘉慶皇帝以後四川各州縣設置的公共開支籌集機構，透過地方紳商自行籌措「夫馬費」（即招待費等）應付官府臨時的經費需求。光緒三年（1877）丁寶楨任四川總督後，除成都、新都、漢州、華陽、雙流、新津等十八州縣「為駐藏大臣、喇嘛、及學差、試差往來必由之路，例有支應」而保留夫馬局外，其他各州縣的夫馬局一概裁撤，導致其辦理的各項費用逐漸歸入三費局等其他公局。參見梁勇，〈清代四川夫馬局簡論——側重於巴縣〉，《西南政法大學學報》2019年第5期，第3頁以下。

新的稅務。然而，在沒有經過地方士紳的同意就增加新的稅務是很難辦到的，所以士紳和商人就派出他們自己的代表來成立這個局。這個局負責溝通官民，負責徵收稅款，也負責稅款的使用。事實上，除了這些各個局本身是分立的、不能形成集體行動以外，它們跟上海的工部局和英國議會的基本精神是相似的，而「公局」這樣的名字基本上就是從上海工部局那裡學來的。

晚清時期四川地方的各個衙門，在地方士紳組成的各個公局之下，權力受到了極大的限制。在比較極端的情況下，他們甚至沒有辦法丈量土地，因為丈量土地要經過地方士紳所組成的丈量局的同意，而丈量局的委員們本身就是地方上的大地主，由他們自己替自己丈量土地。這種作法實際上跟英國都鐸王朝時期的所謂「天然統治者抵制王室收稅」的方式是極其相似的。當時，詹姆斯國王和他的大臣很想增加稅收，但是他們發現，如果地方上的地主不交稅的話，他們也是沒有辦法的。他們如果控告這些地主，那麼官司只能交到陪審團手裡，而陪審團根據同階級審判、同儕審判的原則（這是《大憲章》規定的原則），恰好就是那些士紳的階級兄弟所組成的。由地主組成的法庭必然要判那些抗稅的地主無罪，因此國王還是一點稅都收不到。最後，地主和商人的統治機構——國會，徹底摧毀了國王的統治，建立了近代歷史上的第一個立憲君主國。

辛亥革命前夜，巴蜀就充滿了諸如此類的公局，結果滿洲政府沒有辦法有效地向他們徵稅，甚至沒有辦法有效地逮捕犯人到法庭接受審判。逮捕犯人涉及衙役的問題，而衙役從法律上來講是一個志願者。當然，他可以透過當衙役得到各種好處，但那是另外一回事。在衙門沒辦法有效地支付衙役工資的情況下，地方士紳，冠冕堂皇一點地說是害怕官府派來的衙役擾民，自私自利一點地說，他們是一幫大地主和大商人，他們想限制官府的權力，想要狼狽為奸，想要把他們跟袍哥[46]、棒匪（即土匪）和外國走私商人之間那些不可告人的、經常是具有走私販性質的生意保護下來，所以就不高興讓國家派來的公安員警進入他們的勢力範圍。所以他們以財政為理由提出，既然衙門沒有錢，那麼我們就出錢來支付衙役工資，但有一個條件就是，衙役拿了我們的工資，要對我們負責，衙役不能擾民，要通過各式各樣的手續，這些手續是由各個公局主辦的，而不是由衙門主辦的。

這樣一來就等於是，不僅剝奪了衙門大部分的財政權力，連專政和武裝的權力也被剝

46 即袍哥會，又稱哥老會，與青幫、洪門並列為清帝國時期三大祕密會社。清帝國初期，袍哥會僅是少部分人參與的祕密社團，辛亥革命之後，四川大多數的成年男性都直接或間接與袍哥會有關，足見該組織對四川、重慶等地的社會影響深遠。一九一一年保路運動發生時，革命派所依靠的武裝力量正是新軍與袍哥會。

奪了。衙門最主要的戰鬥人員是誰呢？就是衙役，它就是靠衙役去打你的屁股來維持統治的。如果衙役一方面由地方士紳主辦的公局支付工資，另一方面開出的各個拘票或其他的手續又要拿到地方士紳主辦的公局去接受審議，那麼他們真正的主人不就變成地方上這些大士紳、大地主和大商人了嗎？這些大地主和大商人雖然禮貌上要對朝廷派來的縣官敷衍一下，但是實際上他們真實的財政實力和武裝實力已經是超過了朝廷派來的衙門。

如果沒有這樣長達幾十年的鋪墊，那麼保路運動[47]和辛亥革命是不會發生的。滿洲帝國的統治大致上比明帝國更寬厚一些，所以他們在太平天國戰爭的時候就能產生出曾國藩這樣保境安民的武裝地主領袖。你可以看到，張獻忠和李自成等流寇橫行時，明帝國的士大夫階級就產生不出曾國藩這種人。曾國藩以後，由於帝國主義的干涉，地主和資產階級的實力變得更加強大了，辛亥革命就是地主資產階級實力增強的結果。他們發動革命的理由是什麼呢？他們反對朝廷的國有化政策，因為民間企業家已經買了鐵路公司的股票，他們不願意損失自己的既得利益。

在四川大部分的地方，保路軍都是由地方士紳和商人出錢養活的軍隊。無論他們的戰鬥力如何，至少在人數上是比官兵要多得多的。通常每個縣，沒有幾千人、至少也有幾百人的保路軍。全川上下動員的保路軍人數大約幾十萬。而朝廷在四川全省所練的新軍，如果滿額的話也只有一萬多一點，實際上沒有滿額也就只有幾千人，再加上端方[48]從武昌帶來的各路新軍也不過幾萬。即使這些新軍的戰鬥力很強，比起各路民軍和保路軍來說擁有絕對優勢，但是僅憑人數太少而且得不到地方士紳支持這一點，就足以注定他們的失敗。最後的結果是，新軍和民軍一起叛變，斷送了端方的性命和滿洲帝國的統治。

帝國解體以後，東亞的善後問題就變得很複雜了。因為滿洲帝國本來就是一個多元帝國，除了以被征服者身分併入滿洲帝國的明帝國十八省以外，滿洲、蒙古、西藏、回部這些地方，或者是以滿人的親戚和聯盟的方式加入，或者是透過其他的征服戰爭達成了特殊條約，因此他們跟十八省不是同一個政治體系。這就像是英格蘭和蘇格蘭雖然有同一個國王，立陶宛和波蘭雖然有同一個國王，但它們還是各有各的議會和憲法，不能算是同一個

47 清帝國末期，四川、湖北、湖南、廣東等省因反對朝廷將當地準備興建的川漢鐵路、粵漢鐵路收為國有化而發生的抵抗運動。該運動由立憲派人士所領導，要求群眾只求爭路，不反官府，不能聚眾暴動；而革命派人士則藉機武裝起義。為了平定保路運動，朝廷派遣湖北新軍前往鎮壓，造成武昌防務空虛，為日後的辛亥革命開啟了契機。

48 端方（1861—1911），托忒克氏，字午橋，號陶齋，滿洲正白旗人。早年參與戊戌變法，任農工商總局督辦，後累升至閩浙總督，一九〇五年參與五大臣憲政考察團，回國後上《請定國是以安大計折》和自己所編的《歐美政治要義》，主張以《明治憲法》為藍本制定清帝國憲法。宣統元年（1909）一度任直隸總督。三年（1911）五月，被委任為川漢粵漢鐵路督辦大臣。四川保路運動發生後，於九月署理四川總督，率湖北新軍入川鎮壓。武昌起義爆發後，十一月在資州為嘩變軍士所殺。

國家。發動辛亥革命的各省民軍、北洋軍的代表、滿蒙親貴的代表和各方的代表，在英國公使朱邇典的斡旋下最後達成了一個臨時性的協定，也就是所謂的五族共和。

五族共和本質上是一個類似葉爾欽的獨立國家國協這樣的臨時性安排，是為了處理蘇聯這樣的多元帝國倒台以後的善後問題。既然大部分問題出於利害關係和文化政治上的差別，而且在本質上是無法解決的，那麼一個臨時性的措施，至少維持住滿洲帝國晚期簽署的各種條約的有效性，也就暫時是有必要的。五族代表的不是現代意義上的五個民族，而是我們所謂的五種不同的政治體系。穆斯林有穆斯林的習慣法，滿人和蒙古人有滿人和蒙古人的習慣法，明帝國的十八省用的是《大明律》，他們的法律制度都不相同，滿洲帝國一直是把他們個別處理的。如果不把這種局面繼續維持下去，那麼東亞的和平沒有辦法維持住，而歐洲人的貿易也會遇到嚴重的問題。

當然，正如獨立國家國協實際上只是蘇聯向各獨立國家的過渡一樣，繼承了東南互保[49]這個第一次諸夏聯盟、以中華民國名義出現的第二次諸夏聯盟實際上也只是主持了大清帝國的清算而已。袁世凱、段祺瑞和吳佩孚三次企圖恢復大清帝國原有的權力最後都失敗了，而且一次失敗得比一次慘。袁世凱的失敗僅僅是因為雲南和廣西起兵的結果，段祺瑞就連長江三督都不再聽他的話了，吳佩孚更是連滿洲、山西、山東都無法再號召了。每一次北京的中央政權企圖復辟大一統的權力，都要遭到各省的反抗，而且反抗的邊界越來越接近北京。也就是說，越接近二〇年代後期，各邦的獨立性就越強。

等到二〇年代後期，北京中央政府的權力完全成為虛影，不但沒有滿清帝國時期的那種權力，連袁世凱、段祺瑞和吳佩孚時代的權力也都沒有了。張作霖組織的東三省保安聯合會，孫傳芳組織的五省聯軍，唐繼堯組織的西南聯軍，陸榮廷組織的兩粵大同盟，掌握了實際的權力。位於這兩者之間，趙恆惕的湖南和熊克武的四川則在幾個強大的聯盟之間左右逢源，搞他們自己的邦國和邦國之間的外交。而西方人的代表，包括日本人的代表，發現跟北京的中央政府簽署條約毫無用處，也只有找張作霖這樣的人簽署條約才會有實際

49 義和團興起後，清兩江總督劉坤一、湖廣總督張之洞、兩廣總督李鴻章、郵政大臣盛宣懷等害怕義和團波及南方各省引發戰爭，謀劃相互支持、便宜行事。一九〇〇年六月二十一日清廷向十一國宣戰後，盛宣懷扣留詔書，只給各地督撫觀看，並建議不要服從此命令。李鴻章則向朝廷電稱「此亂命也，粵不奉詔」。隨後，劉坤一、張之洞、李鴻章自行與列強辦理交涉，於六月二十六日由上海道余聯沅出面與各國駐上海領事議定《東南保護約款》九條和《保護上海城廂內外章程》十條，約定各督撫繼續執行既有條約，保護轄境內外國人人身財產安全，而各國約束其在長江一線的軍事活動，並限制國民隨意進入內地。《東南保護約款》訂立後，閩浙總督許應騤、山東巡撫袁世凱、浙江巡撫劉樹棠、安徽巡撫王之春和廣東巡撫德壽先後列名加入，陝西巡撫端方、四川總督奎俊也表示支持。義和團事件平息後，清廷亦對既成事實予以默認。該事件標誌著清帝國南方各省已經具備了足以支撐實質獨立的財政、軍事和外交能力，是辛亥獨立戰爭的先聲。

上的效果，因此他們也簽署了《奉俄條約》[50]、《奉日協議》[51]之類的條約。

事實上，這正是美洲合眾國從西班牙帝國統治之下由第一次解體引起第二次解體、第三次解體和第四次解體的正常狀態。孫傳芳、張作霖的聯盟在東亞歷史上的作用，也就差不多是相當於墨西哥帝國、中美聯合省和拉普拉塔聯邦繼承了美洲合眾國，正如美洲合眾國繼承了西班牙帝國一樣。如果中華民國起到了美洲合眾國的作用的話，那麼張作霖、孫傳芳這些人的聯盟就起到了拉普拉塔聯邦和中美聯合省的作用。陳炯明這一類進一步的、更小單位的創始人，就起到了烏拉圭和巴拿馬愛國者的作用，把這些仍然是太大的五省聯盟、三省聯盟、上江聯盟、下江聯盟進一步拆散，拆散到只有粵東一隅之地，像烏拉圭和巴拿馬那樣更小的邦國。

一般的規律是，越小的邦國，也就治理得越好，所以陳炯明的粵東才會變成模範地區，從來不肯出省、一直堅持閉關自守的閻錫山也把他的山西變成了模範省；野心比較大的，像吳佩孚這樣的人，很快就自我滅亡了，因為他的野心超出了他自己的實力所能支持的範圍。可以這麼說，在這種情況下，如果沒有外界干涉，或者如同拉美那樣只有像英美那樣具有仁慈保護者色彩的帝國主義干涉，尊重當地政治規律的自然發展，那麼各路軍閥必然會像拉美的考迪羅[52]一樣，發展成為自己的獨立國家。事實上在這一時期，東亞各邦，特別是巴蜀的統治者，也的確體現出了拉美式考迪羅主義的特點。什麼叫考迪羅主義呢？最合適的翻譯就是軍閥主義，但不是簡單的軍閥，軍閥同時也是大地主和大商人。

在工業不夠發達、外貿和技術高度依賴英國輸入的拉美各地，一般情況是這樣的：大地主擁有一大片土地，如果要物資的話，他有很多牛肉，很多牛皮，很多小麥，要什麼有什麼，好像比歐洲的大地主和大資本家還要富裕，但是貨幣資產很少，工業產品也很少。他採取的辦法就是，我請幾個英國技師來，在我的土地上開工廠，讓我的佃農去當英國技師和英國老闆的工人，把我的牛肉加工成牛肉罐頭，送到歐洲去賣錢，把我的牛皮加工成牛皮靴子，送到巴黎去賣錢，諸如此類，總之就是把土產送到歐洲去；而這些貿易當然離不開皇家海軍的保護。

50 全稱為《中華民國東三省自治政府與蘇維埃社會聯邦政府之協定》，由蘇聯代表庫茲涅佐夫與奉系全權代表鄭謙等於一九二四年九月二十日簽訂。主要內容：「中」蘇共管中東鐵路；中東鐵路歸還期限提前二十年；「中」方有權單方贖回鐵路；「中」方船隻有權在黑龍江下游航行。

51 即《滿蒙新五路協約》，協約內容涉及將敦圖鐵路、長大鐵路、吉五鐵路、洮索鐵路和延海鐵路等五條鐵路的修築權委托給日本，使日本勢力有機會深入滿洲。

52 西班牙語「Caudillo」的音譯，意為「首領」、「強人」，一般用以表示拉美的「軍閥—地主—大主教會」三位一體的政權結構。

貨物送到歐洲以後我自然就有錢了，有錢我就可以在和平時期競選國會議員，可以當上總統和議員；在發生軍事政變的時候，我利用我的錢，把我手下的雇工招募起來，就可以形成一支軍隊，可以殺到首都去，要麼我自己做軍閥，要麼我就可以支持我擁護的軍閥發動政變。所以無論是像宋教仁設想的那樣實行憲政，還是像張作霖他們那樣實行軍政府，實際上的統治者都是這批大地主、大資產階級。這些大地主、大資產階級，在經濟上來講，高度依賴大英帝國和皇家海軍維持的自由貿易體系，他們希望跟英國人做生意，跟英國人合夥賺錢；在政策上來講，維持英國保護下的世界和平。在國內，他們堅持維持大地主、大資產階級的統治（儘管這種統治要以憲法和約法的名義進行）。即使發生了軍事政變，也要很快地還政於民，至少理論上來講我們還是一個共和國。

國民黨與共產黨帶來的破壞

這正是二十世紀初葉東亞政治的特點。可以這麼說，這個時期，拉美化的東亞，蔡元培時代的東亞，是自春秋戰國時代以後東亞文明最接近於世界主流文明的時期。當然，即使是在這個最高峰的時期，它也遠遠不如世界主流文明。春秋時代的東亞遠遠不能跟蘇美的兩河流域或者跟希臘城邦相比。二十世紀初葉的東亞雖然也形成了諸夏共治的局面，但是諸夏仍然遠遠不能跟諸歐相比。但是東亞的地緣政治形勢自古以來都是非常惡劣的，在近代，他們也沒能像拉丁美洲那樣，首先得到英國人的保護，後來又得到美國人的保護。軍閥混戰在沒有外力強制干涉的情況下，自然而然就是，大軍閥高舉「美洲合眾國萬歲」、「大哥倫比亞共和國萬歲」的口號企圖統一，而小軍閥就要舉起「烏拉圭獨立萬歲」、「巴拿馬獨立萬歲」的口號來抗拒統一。最後的結果是，國家越打越多。最初的一個美洲合眾國變成了大哥倫比亞共和國、拉普拉塔聯邦這樣的四、五個大聯盟，這四、五個大聯盟就相當於是中華民國解體以後的張作霖和孫傳芳。最後張作霖和孫傳芳又被陳炯明和閻錫山取代了，那就是拉普拉塔聯邦變成阿根廷和烏拉圭，中美聯合省變成瓜地馬拉和宏都拉斯。

正常情況下的演化是這樣的，但如果說其中的某一個軍閥沒有像玻利瓦那樣甘願在失敗以後就退出，他能夠到國外去找到保護人，比如說從史達林那裡得到一些盧布和武器，在他自己的領地上建立黃埔軍校，依靠蘇聯的實力重新打回來，本來他已經被陳炯明打敗了，按照考迪羅主義的遊戲規則他應該退出政壇、就此退休，但是他不肯服輸，依靠蘇聯的力量重新建立黃埔軍校，培訓一批像蔣介石和周恩來這樣的人，再反過來把陳炯明打垮，那麼歷史就朝另外一個方向發展了。這正是二十世紀東亞的歷史。由於共產國際的介入，本來已經一敗塗地的孫文透過列寧化的新國民黨打了回來，然後共產黨又透過國民黨的勢力征服了整個東亞。在這個過程當中，一九二七年的北伐和一九二八年的國民政府是一個重大的節點。在這以前，包括巴蜀在內的各地的考迪羅政權都是事實獨立的，而且是以對英國的貿易為主要的經濟生命線。

共產國際以國民黨為白手套入侵東亞，結果就在巴蜀造成了我們所知的「萬縣慘案」[53]。「萬縣慘案」當然是共產黨製造的偽史。「萬縣慘案」的實情就是，共產國際派來的間諜人員潛入巴蜀境內，在巴蜀煽動暴民和叛軍，破壞英國和巴蜀之間的貿易，這樣做當然是同時傷害了巴蜀大地主、大資產階級和英國商人的利益，導致雙方聯合起來鎮壓他們。英國軍艦根據一八六〇年以來的條約權利，開進揚子江，開到萬縣，炮轟叛軍的陣地。同時，巴蜀各地的軍紳也團結起來，鎮壓這批叛徒。當然，這在共產黨的歷史當中就被說成，地主資產階級的代理人大軍閥聯合英帝國主義鎮壓我們正義的革命勢力。在巴蜀仍然被本地的軍紳政權所控制的時代，共產國際的幾次滲透都遭到了悲慘的失敗。

最後也最大的一次滲透是由張國燾所率領的紅軍。按照後來的開明紳士張瀾[54]的記載，他們在進入四川以後，首先把當地的地主和資本家統統殺光，侵奪他們的財產，然後把當地所有的青壯年強行編入勞動營，按照蘇聯的規矩實施強制勞動，大批婦女兒童因為經濟結構的迅速改變而淪為乞丐。最後在他們逃走時，又把能夠編入紅軍的勞動力全部編入紅軍，把拒絕加入紅軍的勞動力和在肅反運動中被清洗出來、被認為是思想不可靠的幹部全都推進萬人坑給坑殺了。這些萬人坑在三〇年代的東亞曾經是轟動一時的報導。張瀾曾經作為巴蜀地方士紳的代表，組成一個委員會去調查當地的慘狀。所以，有些人故作聰

53 一九二六年八月十一日，朱德以廣東國民政府代表的名義前往萬縣，對川軍楊森部展開統戰。八月二十九日，因楊森部士兵企圖強行徵用英國太古公司「萬流」號輪船，導致兩艘搭載士兵的木船相撞沉沒（一說因萬流號加速駛離時激浪翻沉）。朱德、陳毅遂趁機聯絡中共重慶地委書記楊闇公，慫恿楊森派憲兵副司令于淵（中共祕密黨員）帶兵扣押萬流號，未成，又扣押路經萬縣的太古公司「萬縣」、「萬通」號輪船，朱、陳則透過萬縣的共產黨祕密組織召集數萬人參加「反對英帝國主義暴行大會」，提出廢除與英國簽訂的一切「不平等條約」、取消英國內河航行權、懲辦「肇事」英輪「禍首」等要求，意圖使事態擴大化。九月五日下午一點，三艘英國軍艦「威警」、「嘉禾」、「柯克捷夫」來到萬縣，要求于淵部交出被扣英輪，發生衝突，于淵部開槍打死「嘉禾」號船長達理和多名水兵。下午五點多，三艘英艦開炮轟擊萬縣兩個多小時，致使城區受到嚴重毀壞。中共立即誣指該事件為「九五慘案」，在上海、北京、武漢、廣州等地進一步擴大「反帝」群眾運動，並加緊對楊森部的綁架和滲透。參見杜之祥〈「九五慘案」七十周年祭——朱德在「萬縣慘案」前後〉，《三峽學刊》1996年第4期，第40頁以下；黃嶺峻〈關於「萬縣慘案」的補正〉，《近代史研究》1995年第3期，第302頁以下。

54 張瀾（1872—1955），中國民主同盟主席，曾參與立憲運動、保路運動；紅軍長征經過四川時，曾與共產黨聯繫，促成四川本地派系與紅軍聯合反蔣。

明地責問說：「為什麼東亞知識分子投共？是因為他們不了解共產黨，不了解共產國際。」這完全是謊話。東亞的所謂開明紳士非常了解共產黨和它的代理人，他們親自主持了紅軍撤出贛南和撤出四川以後的調查。但是他們最後仍然變成開明紳士而投共，這就只能用投機來解釋了。

只要巴蜀仍然在本地士紳和軍閥的統治之下，那麼它要抵抗共產國際的滲透仍然是有把握的，但是蔣介石和國民政府的干預破壞了一切。蔣介石既是上海自由市沒落的主要原因，也是巴蜀軍紳政權沒落的主要原因。他如果是直截了當地投共了，那麼帝國主義會很容易地剿滅他，但是他透過四一二清黨以後向帝國主義表示說：「我也是反共的，我要把東亞各邦團結起來，在國民政府的領導之下共同反共。」這樣帝國主義就很難反對他了。再加上第一次世界大戰以後，英國和歐洲各國普遍準備收縮在東亞的陣地，於是就決定接受蔣介石的要求，把條約權利的很大一部分轉讓給他。這就

張瀾（左）與毛澤東　張瀾是巴蜀士紳，曾參與立憲運動和保路運動，並促成巴蜀本地派系與紅軍聯合反抗蔣介石，在巴蜀極具聲望。備受毛澤東推崇，為中央人民政府副主席之一。

是所謂的革命外交的成果。而巴蜀的軍紳政權和其他各地的軍紳政權一樣，他們在經濟上和政治上都是依賴帝國主義的保護的。如果帝國主義願意跟蔣介石妥協，那麼他們也就沒有辦法維持自己的獨立。因此，劉湘和川軍諸將不得不接受蔣介石把他的中央軍派入四川。尤其是，紅軍在經過四川的過程當中，給蔣介石派中央軍入川提供了極大的藉口，而蔣介石的中央軍對紅軍採取追而不打的政策，他並不想過早地消滅共產黨，而是想利用共產黨作為藉口，徹底消滅這些對他還不夠服從的軍閥勢力。他透過這樣的手段，消滅了四川、湖南各地的軍閥勢力，最終把國民政府遷到了重慶。

國民政府遷入重慶的結果就是，四川的資源在軍閥統治的時代保存得比較好的，現在都被他抽調走了。所謂幾百萬川軍出川抗日，被蔣介石的奧斯曼主義發明家說成是中華民族的壯舉，但是實際上，這話的意義就像是車臣人所抱怨的「車臣的青年全部被史達林抽去打德國人」一樣，是俄羅斯帝國主義對當地的重大暴行，也就像是上海作為共和國的長子、把自己一半的收入都拿去建設駐馬店卻被說成是光榮事蹟一樣。實際上，拿破崙打進了荷蘭，把荷蘭一半的錢都拿去征服東歐和伊利里亞去了，這對荷蘭來說是一個真正的國恥。同樣的事件，從實證主義的角度來講是一件事情，但是對於荷蘭愛國者來說就是荷蘭的國恥，對於法國帝國主義者來說就是阿姆斯特丹變成法蘭西的長子了。巴蜀的一代青年被蔣介石的徵糧徵兵搞得十室九空，這些事情在巴蜀利亞愛國者看來當然就是同類的暴行，但是在蔣介石和東亞奧斯曼主義者、中華民族主義者的眼中看來，當然就是中華民族的光榮事蹟了。

這樣做的結果是，等到蔣介石打完了他的戰爭，把日本人的勢力趕出了東亞大陸，列強的勢力也透過一九四三年和一九四四年的條約重訂而退出了東亞大陸以後，各邦的財富和人力都已經被抽空了。巴蜀既不再有地方上的民兵，不再有自己的曾國藩，也不再有任何餘留的財富了。而蔣介石驅逐帝國主義的結果就是，日本人和西方人的勢力全部撤出了東亞，因此再也沒有興趣維護東亞的秩序，現在東亞只剩下共產國際了。於

重慶國民政府（左圖）**與川軍抗日紀念碑**（右圖）　中日戰爭期間，國民政府將首都從南京遷至重慶，充當長期的作戰基地，並透過徵調、剝削巴蜀人力與物資的方式來持續作戰。據統計，數十萬川軍被編入國軍並派往前線，為中日戰爭付出了極大的犧牲與貢獻。

是，他透過驅逐日本而得到的這些遺產，在區區三年時間內就透過林彪和毛澤東之手，完全落入了蘇聯人的手中，從而實現了史達林在一九三五年就制定的戰略：利用國民黨去驅逐日本，然後把驅逐日本得到的成果一口吃下，而國民黨又恢復到原來的那種浪人狀態。

這時，當共產黨的軍隊再次打進巴蜀的時候，巴蜀跟十年前、二十年前的狀態已經不一樣了。上一次陳毅來的時候，巴蜀的軍閥、地主和商人很容易就鎮壓了他們。第二次張國燾來的時候，儘管戰爭相當艱苦，但是巴蜀的軍閥、地主和商人還是把他們趕出去了。最後一次來的時候，由於巴蜀青年一代主要的人力和財富已經被蔣介石抽空了，除了被共產黨污蔑為土匪叛亂和鎮反物件的那些零星抵抗以外，巴蜀已經沒有辦法組織有效的抵抗了。這些抵抗基本上是以幾百人、最多幾千人為主的地方士紳、酋長或者宗教領袖所主持的。這些宗教領袖有些是會道門、一貫道之類的宗教領袖，有些是基督教會和伊斯蘭教團。有些反抗運動的領袖是鄉下的大地主，他們即使在蔣介石徵兵徵糧以後仍然有著殘餘的抵抗力；有些是大商人，有些是酋長和土司，他們就是巴蜀民族最後殘餘的「凝結核」[55]。

55 劉仲敬術語，指社會上具有凝聚民眾向心力的領導人物。

這些凝結核，在賣國賊鄧小平和胡耀邦這類南下幹部的主持之下，在三年的慘烈戰爭中基本上被消滅殆盡了。於是，共產國際就把他們在張國燾時代沒能實現的理想付諸實施了。首先，透過土改消滅了地主階級，透過三反五反消滅了資本家階級，使全國上下只剩下無產階級以後，再把這些無產階級統統編入人民公社，把巴蜀大部分的糧食運到北京和天津。於是，儘管巴蜀在一九五八年實際上是處在風調雨順的階段，為了維持北京和天津市民的口糧，為了在外國人面前裝厲害，更重要的是，為了支持越南恐怖分子反對美國的戰爭，為了支持阿爾巴尼亞這樣的窮兄弟，把巴蜀的糧食掠奪一空，使巴蜀付出了上千萬人命的代價。如果說蔣介石政權的大一統主義給巴蜀留下的是三百萬孤兒寡婦，那麼毛澤東和鄧小平的共產主義政權給巴蜀留下的就是幾千萬屍體和上億的孤兒寡婦。他們的血，至今都還沒有乾。

如果說秦始皇和傳統的專制統治者還願意給民間留一點空間，因此比如說在武陵王蕭紀這樣的政權之下，有著一定性質的消極自治還能夠維持，如果說中華民國這樣一個維持會的名義還允許劉湘那樣的地方軍閥和地方紳商跟帝國主義做生意，保持一些地方元氣，那麼當列寧主義的組織技術進入東亞以後，實際上東亞各邦的愛國者，如果他們在乎自己的鄉土的話，已經沒有別的選擇了。在蔡元培時代，他可以不宣布正式獨立，只維持一個事實獨立的狀態，就可以相對於北京政府保持自己大部分的利益和財富；但是在列寧主義誕生以後，他就沒有別的選擇了，要麼就是徹底獨立，爭取自己的自由，要麼得不到自己的自由，下場就像是史達林時代的烏克蘭，不可能有其他更好的下場了。

共產主義即使是透過改革開放，它真正的用意也無非是透過地方諸侯，用奴隸勞動的產品跟西方人做貿易、對西方自由工人的產業形成不正當競爭的方式，從西方偷取一些技術和財富；然後等到技術和財富積累到差不多的時候，正如習近平當權以後的情況，它又會恢復到自己企圖顛覆全世界自由和文明的挑戰者的角色之上。在這種情況下，巴蜀的愛國者也要明白自己的下場。如果他們像過去張瀾那些開明紳士一樣，決心再一次在將來的歷史選擇中跟著共產黨走，那麼他們將來的下場已經由歷史顯示了：在自己的財富被剝奪一空以後，作為過期統戰對象、淪為反革命分子而被消滅，而巴蜀的人民和財富又要遭受新的災難。

這樣的情況不僅適用於巴蜀，也適用於諸夏各邦。現在你們已經沒有其他的選擇了。你們的文明雖然不是世界上最悠久、最古老、最繁榮的，但是至少比起保加利亞和阿爾巴尼亞來說並不會遜色太多。你們如果能夠產生像保加利亞和阿爾巴尼亞那樣的一個民族發明家團體、在正在關閉的這個時機點為你們自己爭取到獨立和自由的地位的話，你們雖然不能夠直接恢復到歐洲和世界文明主流的地位，但至少能脫東亞、入西亞或者是脫東亞、入東南亞，把自己恢復到在泰國和緬甸的水準之上還是有希望的；你們在蔡元培時代達到泰國和緬甸的水準是不成問題的。也就是說，在沒有國民黨和共產黨、沒有列寧主義掠奪者的情況下，你們最壞也就是泰國和緬甸的水準。如果你們錯過了這次機會的話，你們即將遭受的命運已經由你們的祖先告訴你們了。你們不需要去請教共產黨的冒牌教授和學者等非法戰鬥人員為你們編著的那些偽史，你們自己的鄉親父老就可以用他們的親身經歷告訴你們，你們即將面臨怎樣的下場。

二、種族、邦國和民族國家的源流

從建築結構追溯文明起源

我們在以前的許多講座中都強調過，民族國家是一個近代的創造，產生於國民共同體自我治理的需要。在近代以前，「政治共同體需要自我治理」並不是不言自明的真理。一般來說，直到孟德斯鳩那個時代，普遍的意見就是，能夠自我治理的政治實體大多數都是部落組織。像雅典和羅馬那種幾萬人的城邦，就已經是自我治理能夠達到的極限了。中世紀以來，瑞士諸邦作為自由政體，也就只有達到那個規模。比這更大的政治實體，一般都是不能自我治理的。民族國家在歷史上的意義就是，它極大地擴充了自遠古時代和古典時代以來自我治理所能達到的最大範疇。直到二十一世紀的今天，還找不出能夠自我治理且範疇比民族國家更大者。具體來說就是，奧斯曼式的大帝國直接轉化為民族國家全都是失敗的。它們都是在解體以後，分解為較小的國民共同體以後，才能夠實現民族建構。民族建構的關鍵是政治問題，也就是說，無論你的居民來源是什麼，無論你在政治上的前身是什麼，關鍵在於，國民或民族作為一個整體，能夠自己治理自己。即使是像瑞士或美國一樣，語言、種族和居民的來源非常不同，但只要符合「自己治理自己能夠成功」這個基本原則，都是可以成立的。相反地，即使是其他方面的一致性非常高，只要你不能夠自己治理自己，那麼民族發明最終都會失敗。

但儘管如此，種族（也就是居民的構成）以及政治上的前體如果跟民族發明的同構性更高一些，那麼民族發明的難度就會降低一些。在最好的情況下，你要發明的民族或者是要建構的國民共同體，在盡可能漫長的時間內，有著基本一致的種族來源，在歷史上的擾動很少，延續性很強，在近代的民族共同體建立以前，它有許多跟它自己有直接繼承關係的政治前體，那麼在這種情況下，民族發明的難度就會降到最低。在民族發明還沒有展開的地方，或者是在有待於解體或帝國解體不成功的廢墟型地帶，需要民族發明或者說需要創造國民、創造人民的這種地區，最適當的民族發明方式就是，盡可能地把你要發明的單元調整到能夠使民族國家、種族和歷史邦國這三者在同一條路線上，使三者的合力指向同一個方向。能夠符合這種情況，並按照上述的條件展開民族建構，那麼你面臨的阻力就會降到最低。所以，在奧斯曼帝國或者俄羅斯帝國這一類帝國解體的過程當中，民族發明到底應該怎麼樣劃分邊界，本身就是一門大學問。例如，保加利亞和阿爾巴尼亞的邊界真的是合理的嗎？白俄羅斯和烏克蘭真的是同一個民族嗎？烏克蘭民族發明的依據比起弗拉基米爾民族、梁贊民族或者諾夫哥羅德民族真的是更好一些的嗎？這些都是需要仔細討論的問題。

當然，即使歷史邦國和種族源流這方面的依據都非常牽強，但仍有可能使民族發明獲得成功。例如，阿爾巴尼亞和保加利亞，正如我在以前的講座中所提到的，在十九世紀以前，它們邦國的依據和種族的依據跟現在的阿爾巴尼亞和保加利亞關係甚微，甚至還有直接衝突的地方。但是只要在政治上能夠站得住腳，那麼它們的發明都能夠成立。但是在很多情況下，我們可以說，如果它在種族上、歷史上的依據都能指向同一個方向，比如說像荷蘭或者瑞士這樣的地方，那麼它的發明成果一定會更好一些。在東亞，日本和韓國是民族發明搞得最好的地方，很大程度上就是因為它們在這些方面的一致性比較高。如果一致性不夠高的話，雖然你未必不能進行民族發明，但是面臨的困難會大大增加。

而在未來的、我所設想的諸夏發明當中，如果你要強調上述原則，維護種族或歷史邦國的傳統一致性，那麼相對於其他地方來說，巴蜀這個單位就算是比較優越的，因為它從上古時代直到現代，種族的構成基本上沒有變過，而歷史邦國的延續性也相當高。從種族上來講，上古的巴蜀顯然是內亞系和百越系兩系混合的結果，其中又以內亞系占優勢。內亞系占優勢，不是說它在人口絕對數目上占優勢，例如，在美國傳統文化當中，盎格魯－撒克遜文化占優勢，但是盎格魯－撒克遜人即使是在所謂的高加索人種當中也不是絕對多數。它實際上是，照亞里斯多德的說法，提供了主要的形式因，而其他的構成者則提供了更多的質料因[1]。形式比質料重要，就好像你寫在書上的字比構成書本的紙張要重要。紙張上寫什麼字都可以，但是寫的字如果是你的內容，那麼這本書就算是你的，不會說因為構成紙張的木材不是你的，就不算是你的書。

現在我們以宜粗不宜細的方式來分析一下，東亞進入歷史黎明時期的時候，從考古遺址顯示出來的大範圍的文化區的差異。在這裡，建築是一個非常可靠的指標。不僅是在上古時代，其實即使是在進入文明時代，甚至是在今天，建築物的品質和風格都是鑑定文明區域劃分的最主要、最可靠的指標，建築的簡陋和精緻程度也是直接判定文明發展程度的一個可靠指標，而且跟其他的指標——比如說音樂或文學品質不一樣，建築物是很容易留下遺址的，這些遺址鑑別起來是很容易的。那麼我們就可以發現，從史前時代到歷史的黎明時代，東亞大陸實際上有三種主要的建築形式。

第一種建築形式是干欄式的，也就是兩層或者三層的竹木質樓房。最下面一層可能是用來當儲物室或者是用來飼養牲畜的，人主要居住在二、三層樓上。今天湘西的吊腳樓其實就是這種干欄式建築的一個分支。這種形式的建築物，廣泛分布在我們在前幾次講座中曾經提到過的作為南島民族的祖先所分布的那個巨大區域。向西，沿著印度洋的邊境、伊洛瓦底江流域、滇黔，一直到今天的湘西和峽區，然

吊腳樓　除了透氣涼爽，干欄式建築還具有防止淹水、蟲蛇等功能，盛行於東南亞、台灣、中國南部等較為炎熱潮濕的地區，圖為湘西鳳凰古城吊腳樓。

1 古希臘哲學家亞里斯多德提出「四因說」（four causes），將世間事物變化的背後原因歸納為四大類：質料因、形式因、動力因、目的因；其中，質料因指構成事物的材料或元素，例如房子的質料因就是磚瓦。

後向東一直延伸到海洋。向南，延伸到今天的越南、印尼、馬來亞、太平洋各島。這些地方普遍分布著這種竹木質的高層建築。第二種建築形式是石頭質的建築物。分布的區域從東歐、高加索、歐亞大草原，一路延伸到河湟流域、渭水上游、武都、岷江上游一帶，再一直延伸到今天的蜀地，然後向南延伸到越南。在巴蜀盆地的南部和東部、滇黔和越南境內，它跟前述的竹木質的樓層建築相互交錯。

巴蜀在這個石質建築物的連續帶當中處於一個樞紐地位，而且它比其他的地方更有標誌性意義。巴蜀，特別是成都平原，是一個極其缺乏天然石材的地區。如果一個極其缺乏天然石材的地區動不動就會出現獨石或者是像杜甫在《石筍行》中描繪的那種石筍之類的石質標記物的話，那麼你就不得不承認，這些東西與其說是在本地製造的，還不如說是從遠方費了很大力氣才把原料拖運過來的。這跟本地就是多石地區、可以輕而易舉地製造巨石建築物的情況截然不同。當地的居民為什麼要這樣不辭勞苦到遠方去拖本地不產的石材呢？最合理的解釋就是，他們的祖先來自於一個多石的地區，而且來自於一個習慣於建造石質建築的地區。

這個道理就像是，挪威、冰島和格陵蘭的維京人喜歡用牛來衡量自己的財富，儘管當地的寒冷氣候其實是不適於養牛的，但是我們要考慮，他們的祖先其實是來自於一個更適合養牛的地方，也就是印度人和伊朗人的共同祖先所在的高加索、黑海、裏海北岸那一帶的土地，那一帶的土地是很適合養牛的，以至於他們的一個分支在離開了自己的老家、跑到非常寒冷的北方以後，仍然不能改變自己的舊習。這就像是英國人和荷蘭人在近代殖民時代來到印度和東印度群島以後，他們仍然改變不了自己在家鄉吃牛肉的習慣。儘管在炎熱的當地，牛是很稀少、很珍貴的，即使是當地的上層人物，也只有在非常特殊的情況下才會吃牛肉，如果按照英國人和荷蘭人那種吃牛肉的方式的話，當地的牛群是不夠他們吃的，但是他們仍然不辭勞苦，冒著肉類腐化的危險，從遙遠的英國和荷蘭給他們寄火腿來吃。

成都平原的先民所留下來的那些石質建築物，包括石筍，所謂新都的八陣圖[2]（當然這些八陣圖跟傳說中的諸葛亮是不會有什麼關係的，它誕生於比諸葛亮早得多的時代，也就是蠶叢王[3]以後的那段古典巴蜀時代），這些石材的來源很清楚，它們是來自於岷江上游或者是今天的康區[4]，而最古老的蠶叢所代表的那批第一代蜀國的先民也是從這

2 指成都青白江區彌牟鎮西南的土壘群，清道光時尚有七十一壘，現僅存六壘。
3 古蜀國首位稱王者，善於養蠶，對應到諸夏相當為生活在西周時期。古蜀國之名即和「養蠶」有關。
4 又稱「康巴」（藏語中為「人域」之意），即青藏高原東南部的藏人居住區。範圍大致包括：四川甘孜州、阿壩州、木裡縣；西藏昌都市、比如縣、巴青縣、索縣；雲南迪慶州；青海玉樹州。

個方向來的。換句話說，他們是從後來中古時期氐羌民族[5]所居住的河湟谷地和岷江上游南下進入成都平原。今天的成都平原西北部仍然留有一些地名，比如說像蠶崖關或者是帶「蠶」字之類的地名，這些地名跟蠶叢王的名字基本上是相同的。這也就暗示了，他們的祖先是從內亞方向來，從氐羌民族所在的方向來，然後越過今天的灌口，進入了成都平原。在進入成都平原、向東或向南移動的過程當中，沿著嘉陵江前進的一路形成了巴國，沿著岷江前進的一路形成了蜀國。然後巴蜀兩系向東、向南擴張的結果，就跟百越、百濮、百蠻各系原住民發生了接觸。儘管巴人和蜀人在人數上不見得占多數，但是他們所代表的西亞青銅文化在技術上來講更先進一些。因此，無論是從現在留下來的「巴蜀」這樣的名詞來看，還是從考古遺址來看，內亞文化和西亞文化至少在統治階級這個層面是居於優勢的。

東亞還有第三個區域。除去環渤海圈——產生了後來的滿洲和朝鮮、對日本由前文明時代進入文明時代也發生過一定刺激作用的那個族群以外，以今天的洛陽、駐馬店為中心的那個中原地帶，構成了我剛才說的第三個區域。這個區域的建築物特點是，既不像東亞南部和東南亞那樣廣泛地使用竹木建築，也不像是巴蜀、西亞和內亞那樣廣泛地使用石材，而是廣泛地使用半地穴式建築和泥土所做的泥坯牆。半坡村的遺址[6]是這種建築物的典型。它在技術上來講是三種建築物當中最簡單的。直截了當地說就是，你在地上挖一個可以容納幾十個人的地洞，地洞挖到半人高的地方就結束，然後在地洞旁邊的地上豎起幾十根木頭竿子，用茅草之類的東西把這些木頭竿子連接起來。這樣的建築物，地上那半截很像是一個低矮的茅屋，地下那半截根本就是一個地洞。在這樣的半地穴式建築物當中，人和豬以及其他牲畜共同居住在一起。跟住在樓上、讓豬和牲畜住在樓下的那些百越系居民，以及活著的時候住石頭房子、死了的時候修石頭墓、在墓前豎立巨大的華表[7]之類建築物的西亞系居民比起來，這個中國系居民的建築物可以說從史前時代就是最為簡陋的，而這也反映出了它在文明傳播過程中的末梢地位。

5 泛指古代分布在今陝西、甘肅、青海、四川省西部等地的兩支民族，由於語言、習於和居仕地較為接近，所以合稱為氐羌。

6 位於陝西省西安市灞橋區半坡村，是黃河流域新石器時代仰韶文化的代表性村落遺址，有六千多年的歷史，半坡人已懂得開墾農田、種植作物並蓄養家畜，也懂得燒製陶器，最著名的出土文物為人面魚紋彩陶盆。

7 中國傳統的圖騰柱，古時用來供人書寫諫言或指路，通常放在宮殿、陵墓外的道路兩旁。

發明巴蜀利亞民族？

西亞的文明，當然，眾口一致，所有的人都認為它是全世界最古老的文明。它沿著歐亞大草原，沿著塔里木盆地、河西走廊，沿著河湟谷地，向巴蜀傳播，然後沿著鄂爾多斯向三晉傳播，然後透過洛陽傳到中原，傳到中原就已經是最後一波了。從以西亞為中心的文明傳播鏈來講，以駐馬店為中心的中國就是它的末梢。以南洋為中心的海上傳播路線，沿著印度東南亞海岸，以海岸為中心，緩慢地向內陸傳播，傳播到印尼、馬來和越南，然後沿著海岸北上，傳播到錢塘江東岸一帶，然後沿著海岸線前進，從海岸線向內陸前進。這個文明傳播的順序，傳播到中原地帶也是最後一波了。所以，半坡村所代表的中國的史前文明，無論是海洋系的傳播還是陸地系的傳播，無論是西亞的傳播還是南亞的傳播，它都是文明傳播的最末梢。

史前時代的巴蜀是西亞系文明和南洋系文明的交錯地帶，這個你從銅鼓文化的邊界就可以看出來。銅鼓文化跟南島諸民族的祖先所在的族群是有非常密切的聯繫的，跟巴人經常住的那種吊腳樓式的建築也有高度的同構性。史前時代的銅鼓文化，它的北界大概就在今天的宜賓一帶，直到相當於西漢時，銅鼓文化才零星地向北傳到成都平原。銅鼓文化核心區所在的邊界，大致上來講跟前南島系文明的北部邊界應該是一致的。這也從另一個方向佐證了我剛才提出的推論，也就是說，古典的巴蜀從邦國和文明的角度來講是以內亞系為主、百越系為輔的一個建構。

在後來的歷史演變當中，這個種族結構之所以沒有發生明顯的變化，是因為巴蜀自從建立時就具有雙重的二元性。一種二元性是指「巴蜀」這個詞所代表的「一個巴、一個蜀」這種二元性，另一種二元性就是「高地」和「平原」的二元性。像紐西蘭的毛利人或者蘇格蘭高地的那種高地，是一個基因多樣性的儲存庫。我們都知道，物種的基因多樣性在它的發源地是最豐富的。秘魯有個相當於台北市和新北市加起來那麼大的一個小區域，卻集中了全世界百分之八十以上的馬鈴薯品種。哈薩克的阿斯塔納（即努爾－蘇丹，哈薩克首都）附近，也有一個差不多是台北市和新北市加起來那麼大的一個區域，卻集中了百分之八十以上的蘋果品種。而儘管愛爾蘭全國比起上述的安地斯山區的地理面積要大得多，但是它普遍種植的各種馬鈴薯其實都是同一種類型的。這就是為什麼愛爾蘭會發生馬鈴薯大饑荒[8]的原因。雖然愛爾蘭地方大、產量高，但是馬鈴薯的品種卻很單一，

8 一八四五年至一八五二年間發生於愛爾蘭的大饑荒，有一百萬人死於饑荒、另有超過一百萬人離開愛爾蘭，導致愛爾蘭

所以發生馬鈴薯大饑荒時，只要一種馬鈴薯病就能夠殺掉全愛爾蘭的馬鈴薯；所以在這以後又不得不到秘魯的原產地去引種，恢復基因多樣性。

高地和平原的關係也是一樣的。像成都平原這樣肥沃的平原，它的特點就是，即使是極少數居民進入這塊平原，由於優越的灌溉條件，他們也會在很短時間內繁衍出很大的種群來。但是，數量雖然大，他們其實都是那一小撮人的後代。這就好像是，美國中西部玉米地帶（Corn Belt）[9]，相當於半個歐洲一樣的巨大地區，到處種滿了玉米，而這些玉米像愛爾蘭馬鈴薯一樣，它們的基因其實是極其單一的。從這些玉米的產量和供養的人口來講，這好像是一個巨大的玉米倉庫，但是從基因多樣性的角度來講，它們的基因是極其單一的，歷史也只有一百多年。成都平原的居民就是這樣的。無論是誰，只要你搶先在一個適當的歷史節點進入成都平原，那麼你的子孫後代就會迅速地繁衍，布滿整個平原地帶。但是在大滅絕時代和大洪水時代，成都平原也是滅絕得最快、最徹底的地方。這個具備基因單一性和政治制度單一性的地方，每一次都是大洪水的重災區。早在張獻忠時代以前，每一次改朝換代的時候，成都平原的居民基本上都會死得非常徹底。但是從來沒有哪一次，洪水曾經淹到過山地。所以，山地和平原的二元性使巴蜀的居民結構經過了多次洪水的洗劫以後基本上就沒有變過，因為每一次兩個基因儲藏庫的居民都會下山來接管成都平原和其他比較肥沃的平原地帶。

第一個山區其實就是蠶叢、魚鳧這些先王所來的地方，岷江上游和河湟谷地的山區，也就是在中古時期的史料中，氐、叟、蜀三族所在的地方。在中古時期的漢字史料當中，氐、叟、蜀這三個詞是互通的，是經常互用的[10]。他們居住在南安、略陽、武都一帶，以及今天的汶川一帶。他們像瑞士諸州一樣，政治單位是很小的，跟種族單位基本一致。差不多一個遺傳漂變[11]形成的幾百人、頂多幾千人的小族，就像瑞士諸州的一個州一樣，產生出自己的小王或者是酋帥，像仇池楊氏那樣的領袖，據守一小塊山谷或者山地。然後，離他們不遠的另一塊山谷或者山地又有類似的像瑞士諸州一樣的小族群。他們的基因多樣

總人口減少四分之一至五分之一，永久改變了愛爾蘭的人口、政治和文化面貌。一八四六年，當時執政的輝格黨政府因奉行自由主義經濟政策，使得饑荒更加惡化，導致愛爾蘭人與英國的關係緊張。

9 玉米帶（Corn Belt），位於美國中西部的一個農業地區，包括了印第安納州、俄亥俄州、愛荷華州、伊利諾伊州。自一八五〇年代以來，該地區的主要作物即為玉米，不只用作人類糧食，也作為家畜飼料。

10 孔穎達《尚書注疏卷六‧尚書‧牧誓第四》：「叟者，蜀夷之別名。」方國瑜解釋《華陽國志》中的「氐傁」一詞時認為：「傁即叟字，《說文》：『叟或從人作傁』。叟為氐羌種類，故稱氐叟。」（《方國瑜文集》，雲南教育出版社2001年版，第240頁）

11 指族群中的基因庫在代際發生隨機改變的一種現象。一般情況下，族群的生物個體的數量越少，遺傳漂變的效應就越強。遺傳漂變是生物演化的關鍵機制之一。

性是極大的。他們就是蠶叢王和古蜀先王最接近的親屬，也是日後成漢帝國的發源地。每一次在成都平原上發生人口滅絕以後，都是由他們順著蠶叢王南下的舊路，一次又一次地進入人口滅絕的平原，重新繁衍，填補這些空缺。

另一個發源則是峽區和接近湘西地區的那些山地居民。這些山地居民就不像是我剛才講過的岷江上游的山地居民那樣，屬於內亞系，這批山地居民大致上是屬於百越系。他們構成了今天荊楚、湖湘、贛區和吳越很大一部分人口的起源，也是填補成都平原和四川盆地人口的一個重要來源。平原地帶經過多次的人口滅絕以後，要麼就是新填補的人口都來自於我剛才講的這個人口儲藏庫，要麼就是稍微放大一點，像張獻忠時代到嘉慶年間的「填四川」一樣，把荊楚、湖湘直到南粵一帶的人口也填了進來。但是這些人其實也只是剛才我講過的那個峽區和湘西山地的人口和基因儲藏庫的另一個分支，他們的人口在基因上的差別非常微小，可以忽略不計，基本上也就是今天加泰隆尼亞人和熱那亞人那樣的差別。

像當代作家冉雲飛的姓氏冉氏，早在《漢書》寫成的時代就已經出現在史籍上了[12]，是曾經困擾過秦漢帝國的眾多蠻族之一。他們曾經在秦漢帝國時期，在四川盆地給帝國製造了很大的麻煩。然後在中古時期，同一批姓冉的蠻族王侯又給元氏、宇文氏和蕭氏的帝國構成了極大的困擾。今天姓冉的人，以土家族或者其他族群的名號產生的像冉雲飛這樣的人，他們的活動區域表面上看來比起上古和中古時期已經縮窄了很多。從上古和中古時期遍布在從漢水流域直到西江流域的廣大地區，現在蜷縮到僅僅限於峽區、湘西和川東南的一小部分。但是我們可以合理推斷，這僅僅是表象而已。就像在今天台灣的人口當中，仍然保持其原住民傳統的所謂高山族是一小部分，平原地帶的平埔族占了台灣人口的大部分，只是這些平埔族群在滿洲帝國統治以後，長期以來由於各種軟的或者硬的措施，經常是取了漢姓，然後用各種編造的家譜和假冒的漢姓把自己弄成跟他們原先血緣上的祖先不同。從血緣上來講，平埔族和高地族群是一回事，但是從文化角度來講，平埔族接受了較多的漢文化的影響，這就是他們的差別。

所以，冉氏所代表的那些峽區的百越系的高地民族和今天四川盆地以及荊楚湖湘河谷地帶的那些取了漢姓的低地人的差別大概也是這樣的。他們在血緣上其實是差不多的，只不過低地人受帝國郡縣制統治較多，受儒家文化的影響較多，所以在姓氏和其他方面漢化

12 《史記・西南夷列傳第五十六》：「自巂以東北，君長以什數，徙、筰都最大；自筰以東北，君長以什數，冉駹最大。」《漢書》、《後漢書》亦有相同記載。

得比較厲害，但是論血緣其實還是一樣的。無論是古代還是近代的巴蜀盆地居民，都是由這兩種人構成的。歷次人口滅絕和人口遷移最多只在細節上改變，中古以後百越系的居民可能會更多一些，上古時期內亞系的居民可能會更多一些，但是基本盤的差別不是很大。今天整個蜀文化區所籠罩的區域跟上古時期的區域差別不是很大，種族上和文化上的差別都不是很大。這跟保加利亞和阿爾巴尼亞的情況不一樣。這也是僅僅從民族發明學的角度來講，發明一個巴蜀利亞民族比發明保加利亞民族或阿爾巴尼亞民族在技術困難上要少得多的一個理由。

獨立邦國與大一統帝國

上古時期的巴蜀經過了大多數古代文明都經歷過的類似過程，也就是首先起源於部落組織和跟部落組織差別不大的酋長國，然後這些酋長國轉化為封建性的邦國，也就是像開明王朝[13]這樣的邦國，最後，各邦國經過類似春秋式的鬥爭，形成比較具有軍國主義色彩的大國。這一時期已經是接近於中原的戰國時期中葉。幾個大國為了爭取成都平原和整個蜀地的統治權，進行了生死鬥爭。最主要的角色就是巴人和蜀人之間的鬥爭。他們之間的鬥爭造成了嚴重的後果，因為失敗的一方向北方的秦國求援，導致秦兵南下，把巴人和蜀人都消滅了。這是歷史上中國殖民者對巴蜀利亞的第一次重大打擊。它帶來的主要損失就是，原先的巴蜀利亞文字不得不轉入地下，但是並未滅絕：一方面，從考古遺跡來講，直到東漢時期都還存在；另一方面，從文獻記載來看，直到中古時期，像淝水之戰[14]的主角苻堅這些人所代表的氐、叟、蜀民族，他們所使用的文字實際上就是上古巴蜀文字的一個分支。我剛才提到過，氐、叟、蜀三個字其實在原文裡是相同的，只是在譯成漢字時會被翻成不同的字。這就像是，德國的薩克森邦國、波蘭的薩克森王朝和英國的盎格魯—撒克遜人其實是同一個東西，撒克遜就是薩克森，薩克森就是撒克遜，只是翻譯的方式不一樣。氐就是叟，叟就是蜀，這是沒有什麼不同的。

秦人依靠軍國主義的技術征服了巴蜀平原，但是沒能夠征服巴蜀先民所來的山地，山

13 古蜀國的朝代，對應到諸夏相當為春秋戰國時期。歷任君主均稱「開明」，共十二世，第九世開明帝改掉蜀國既有的帝號系統，改用諸夏的王侯。前三一六年被秦國所滅。

14 三八三年，前秦皇帝苻堅親率八十萬大軍出兵南征東晉，東晉朝廷則派出謝安、謝玄等大臣率八萬兵力抗敵。最後戰爭以東晉戰勝前秦告終，代表漢人的東晉政權得以延續，而原先被苻堅征服的其他民族如鮮卑族、羌族則趁勢獨立建國（後燕、後秦），前秦帝國因而瓦解。

地比平原要難征服得多。這些山地的酋邦繼續在自己的部落首領的領導之下進行抗秦，後來又變成抗漢的鬥爭。直到滿洲帝國來的時候，他們的領地依然如故。這些在血緣上大致跟低地蜀人相同或者相近的高地酋邦，後來在帝國最終瓦解的時候又再一次下山了。帝國的建立不僅僅是一個單純的政治上的征服，同時也意味著經濟結構和貿易路線的徹底改變。巴蜀在封建主義和多國體系的時代，當然，繼承了上古部落時代它作為內亞和東南亞交通線的主要地位，這個地位是巴蜀繁榮昌盛的根本所在。有很多蛛絲馬跡顯示，正是上古時代的巴蜀人從事了開拓和維修貿易路線的重大工程，也就是後來傳說中的金牛道[15]、五尺道[16]之類的山間澗道。這些澗道的工程量是相當大的，因為要越過險峻的秦嶺和橫斷山系的各個山脈。在那以後的歷代帝國，例如漢帝國、鮮卑帝國、滿洲帝國，蜀地的人口雖然更多了，但卻從來沒有再次從事如此巨大的工程。那麼，上古時代的蜀國在人口相對少得多的情況下，為什麼能夠而且願意從事這樣的大工程呢？合理的推斷只有兩種。

第一，那是他們的祖先所來的地方。他們的祖先來自內亞，持續向東南亞方向前進。他們在進入蜀地以後並沒有坐守著不動，而是繼續向南方，向後來的滇黔地區和越南前進。所以，越南的安陽王[17]這些系統，一般按照古史的傳說，是蜀人沿著紅河谷地南下，進入今天越南西北部地方之後所建立的王國。這些王國是越南由前文明時代轉入擁有國家組織的文明時代的關鍵性時期。同時，按照《漢書》和《史記》的記載，今天彝族所居住的那些在四川盆地以南、滇蜀之間的土司領地也是黃帝的子孫和蜀王的子孫，是在蜀王的子孫在蜀國被征服以後，向南逃竄的一支在這些地方所建立的流亡政權。黃帝傳說在戰國以前基本上是不存在的，我們可以認為這是西漢前期的創造[18]，所以這些地方的王侯來自於黃帝的說法可以忽略不計，但是他們來自於蜀王的說法則是非常可靠的。這條路線起源

15 又稱「石牛道」、「蜀棧」，由今漢中市西行過褒河，經勉縣、甯強入川達成都。《藝文類聚》卷九四引揚雄《蜀王本紀》：「秦惠王欲伐蜀，乃刻五石牛，置金其後。蜀人見之，以為牛能大便金。……即發卒千人，使五丁力士拖牛成道，致三枚於成都。秦得道通，石牛力也。後遣丞相張儀等，隨石牛道伐蜀。」故名。

16 秦時連接川滇的主要官道，相傳為秦蜀郡太守李冰開通。北起今宜賓市，途經鹽津、大關、昭通、威甯、魯甸、宣威等縣，南達曲靖市。因山路艱險，僅修五尺，不同於秦在其他各地修建的寬五十步的官道（馳道），故名。

17 《水經注》卷三七「葉榆河」引《交州外域記》：「交趾昔未有郡縣之時，土地有雒田，其田從潮水上下，民墾食其田，因名為雒民。設雒王、雒侯主諸郡縣，縣多為雒將，雒將銅印青綬。後蜀王子將兵三萬來討雒王雒侯，服諸雒將，蜀王子因稱為安陽王。後南越尉佗舉眾攻安陽王，安陽王有神人，名皋通，下輔佐安陽王，治神弩一張，一發殺三百人。南越王知不可戰，卻軍往武寧縣。越遣太子名始，降安陽王，稱臣事之。安陽王不知（皋）通神人，遇之無道。通使去語王曰：『能持此弩王天下，不能持此弩者亡天下。』通去。安陽王有女曰眉珠，見始端正，珠與始交通。始問珠，令取父弩視之，始見弩便盜以鋸，截弩訖，便逃歸報越王。南越進兵攻之，安陽王發弩，弩折遂敗，安陽王下船逕出於海。」此傳說亦見宋《太平寰宇記》卷一七〇、越南《嶺南摭怪》「金龜傳」、《越史略》卷一、《大越史記全書》外紀卷一、《越史通鑑綱目》卷一等處。

18 參見李憑〈黃帝形象的歷史塑造〉，《中國社會科學》2012年第3期，第149頁以下。

於內亞，經過河西走廊、河湟谷地和岷江，先是進入巴蜀盆地，然後向南進入滇和越南。這條遷徙路線跟各方面的考古學證據和主流考古學界的說法吻合一致，也就說明了巴蜀民族在古代的真正起源。

當然，在上古部落時代和封建邦國時代，這條路線上並沒有一個統一政權，而是斷斷續續地分布著很多封建邦國，貿易線和文化傳播線都來自於這裡。可以想像的是，在成都平原建立蜀國的那些蜀國王侯並沒有忘記他們的內亞祖先。他們千里迢迢地從遠方運石頭到缺乏石材的成都平原，替自己建墓、建房，所以才會留下《華陽國志》[19]裡的那些傳說。那些傳說的內容是這樣的：「蜀王因為死了妃子，非常傷心，派五丁力士去抬石頭，在成都平原建立了武擔山。」這些石頭並非產自成都平原。五丁力士運輸石頭的地方在哪裡呢？在今天的武都縣，也就是河湟谷地和岷江上游之間的地方，既是苻氏政權——苻健、苻堅這些人的祖先所在的地方，也是蠶叢、魚鳧這些人的祖先所在的地方。

我們可以想像，蜀國的先王們與周代的先王和滿洲的皇帝一樣，他們是有兩個中心的。一個中心就像是滿洲人的奉天一樣，是北京的皇帝定期要回去朝拜祖廟的地方，因為他們的祖宗來自奉天（今瀋陽），是後來才入關的。周人也是這樣，哪怕是遷都到鎬京或者洛陽以後，他們仍然沒有忘記，他們宗教上的神聖首都在周人最早的起點，在古老的渭水上游的西岐城[20]。後來的秦國也有在宗教首都雍[21]和政治首都咸陽之間來回擺動的現象。我們完全可以想像，最古老的蜀國在成都平原建立像滿洲人的北京城和秦國的咸陽城這樣的首都以後，他們在岷江上游的古老的宗教首都仍然存在，會用來舉行重大的宗教儀式。例如王侯去世時舉行葬禮，在上古時代無疑就是一個宗教儀式的重大場合。他們需要回到他們的老家，取得宗教上的象徵性安慰，例如，把我們祖先習慣的石頭從那裡取來，在幾乎沒有石頭的成都平原上豎起石頭墓葬，讓死去的先王、先公們在死人的世界中仍然能夠像他們在活人的世界中一樣，住在他們習慣的石頭房子裡。這些石頭房子裡面，像杜甫的詩所描繪的那樣「雨多往往得瑟瑟」[22]。「瑟瑟」是什麼呢？就是綠松石所做的首飾或者珠寶，這恰好也是這個文化區墓葬的典型特徵。

---

19 古巴蜀史書，十六國成漢，常璩撰。全書共十二卷，約十一萬字，主要記載從遠古到東晉永和三年（347）的巴蜀地區史事。

20 在今陝西岐山縣（一說扶風縣）境內。相傳周人首領古公亶父（周太王）因戎狄威逼，率部族由豳遷至岐山下的周原，周文王時又遷都豐京（在今西安市長安區境內）。

21 在今陝西鳳翔市境內。秦德西元年（前677）至秦獻公二年（前383）為秦國首都。秦遷都咸陽後，雍城作為故都，秦人列祖列宗的陵寢及宗廟仍在此地，秦的許多重要祀典仍然在雍城舉行。

22 參見杜甫《石筍行》。

當然，與此同時，中原文化區沒有這樣的習俗。他們的那些木頭竿子和用茅草搭的茅屋與半地穴式建築也遠遠沒有這般講究。所以，你一定要把古代的東亞各文明發明為一個統一的中華民族，而且還要面不改色地說中原文明在它們當中是最先進的，其他各地的文明都是受中原文明所輻射出來的，僅僅在建築物這一關就是很難自圓其說的。而且更加嚴重的是，這些被發明成中華民族的各文化區，彼此之間是不相銜接的。像上古的巴蜀文化區，它跟內亞文化區和東南亞文化區有著非常密切的聯繫，但是跟中原文化區幾乎沒有聯繫，與隔著中原文化區的環渤海文化區更是一點聯繫都沒有。如果說一定要發明一個大文化區，那麼巴蜀和由巴蜀分支所建立起來的越南倒是可以劃分為同一個文化區，跟巴蜀和巴蜀人祖先所在的內亞倒是可以劃分為同一個文化區。跟河南、山東、滿洲、朝鮮劃分為同一個文化區，那是一點道理都沒有的。

古代蜀國要開闢這些道路，一個原因就是我剛才講的，是宗教性和文化性的。這是他們為了保持他們跟宗教文化始祖的聯繫，就像是滿洲人一定要保持北京到瀋陽的道路暢通，周人一定要保持西岐到鎬京的道路暢通，秦人一定要保持雍和咸陽之間的道路暢通，是同一個道理。但還有另外一個理由，就是說，這條線是內亞到東南亞的主要貿易線，蜀國的財富跟這條貿易線有很大的關係。秦人滅蜀以後編造出來的傳說卻說那是因為蜀王貪財，貪圖金牛，所以才派五丁力士。你看，這一次又是五丁力士出來開山鑿路。鑿出路以後，秦人就很狡猾地順著這條路征服了蜀國。這個傳說顯示出兩個資訊，第一，秦人可能利用這條路做軍事上的用途；第二，秦人在把這條路作為軍事用途之前，蜀人早已開發了這條用作貿易的路線，貿易上得到的巨大利益以金牛傳說的方式體現了出來。而「蜀人貪財」這個惡名聲不僅被商鞅變法以後崇尚軍國主義、崇尚耕戰、鄙視商業的秦人嘲笑，直到漢帝國時期還一直被班固這些儒家嘲笑。他們認為，即使是低地蜀人之中的儒家門徒，也遠遠不像是魯國的儒家那樣，是真正的儒家，而理由就是因為他們貪財好利。貪財好利，一般來說是缺乏商業傳統的族群對商業傳統比較發達的族群的鄙視性稱呼。但如果從被鄙視那一方的記載來看的話，很可能會得出恰好相反的結論。

但是無論如何，從這就可以看出，在秦帝國與漢帝國所在的時期，蜀人的文化習俗跟中原各族群的文化習俗有極大的差別，而且不僅是語言和政治上有極大的差別。另外，這個文化習俗不可能沒有物質上的基礎，最明顯的物質上的基礎顯然就是從內亞到東南亞的貿易線。而秦人征服的結果，就是把這條貿易線向南、向西推進，推到西部那些仍然保持獨立的高地蜀人的封建領地，推到南部滇蜀之間的封建領地。透過他們自己的耕戰體系和編戶齊民，把蜀地牢牢控制起來，一方面在文化上來講，我們在上一次講座中提過，書同文、車同軌最早是秦在征服蜀以後推行的政策，後來才在關東六國推行，蜀可以說是抵抗中國帝國主義的先鋒部隊；另一方面是在行政管理上，也就是我們都熟悉的編戶齊民制度；還有協力廠商部分，也可能是最重要的方面，也就是經濟上的國家社會主義。封建主義邦國林立的狀態對應的是一種自由經濟狀態，或者說酋帥和部民本身就是大商人；而秦在商鞅變法以後所形成的國家社會主義體系最鮮明的特點就是，一切收歸國有。

《史記》記載，張儀和司馬錯（順便說一句，司馬錯就是司馬遷的祖先）在征服巴蜀以後修建成都城，採取的主要措施是什麼呢？設立鹽官、鐵官、錦官。鹽官是幹什麼的呢？就是主管鹽業貿易的國有企業。鐵官是什麼呢？主管鐵器貿易的國有企業。錦官是什麼呢？主管絲綢貿易的國有企業。我們都知道，巴國的興起在它最早的神話傳說中是依靠鹽水女神[23]——也就是說依靠鹽業的財富而興起的。而蜀國起於蠶叢王，也就是說它是依靠絲綢貿易而興起的。而鐵器呢，則是西台人首先創立，由西亞傳入東亞，在當時就相當於現在F-35戰機的最先進技術。按照現在的說法來講，秦國是當時的蘇聯，把社會主義的統制經濟推進到原先實行自由經濟的東亞和東南亞各邦，窒息了當地經濟發展的生命力。當然，按照董仲舒和後來儒家的說法，秦自從實行鹽鐵國有貿易以後，政府的收入不止增加了三、四倍，這是當然的事情。蘇聯自從把一切私人資本家打倒、全面實行公私合營以後，國庫的財富不是也豐盈了很多嗎？集中力量辦大事就是這樣的。但是，這樣做必然會導致貿易衰退。

在現在留下來的秦漢時期的考古遺址（請注意，不僅是巴蜀挖掘的考古遺址，而是包括整個東亞各邦，例如著名的馬王堆遺址[24]）所挖掘出來的東西當中，有很多都是產自巴蜀的產品。它上面留下的痕跡暴露出，在秦帝國的社會主義統治之下，巴蜀的產業被管制到什麼樣的程度。例如在馬王堆出土的那些漆器上面，它一個接一個地印刻著一系列的官名。大意上是指這件漆器的相關人員是，成都市國營漆器公司的負責人某某某領導下的品質監督員某某某，總工程師某某某，高級技工某某某，低級技工某某某，燒火員某某某，看門員某某某。一個一個地把國有企業中負責生產區區一件木製漆器的所有人員名單都列了出來。這當然是秦國的軍國主義和社會主義體制的要求，這樣一來也方便追究責任。當

23《後漢書・南蠻西南夷列傳》：「（廩君）乃乘土船，從夷水至鹽陽。鹽水有神女，謂廩君曰：『此地廣大，魚鹽所出，願留共居。』廩君不許。鹽神暮輒來取宿，旦即化為蟲，與諸蟲群飛，掩蔽日光，天地晦冥。積十餘日，廩君伺其便，因射殺之，天乃開明。廩君於是君乎夷城，四姓皆臣之。」

24 位於湖南省長沙市芙蓉區東屯渡鄉（今芙蓉區馬王堆街道），是西漢長沙國丞相利蒼、妻子辛追以及其子利豨或兄弟的三座墓葬。

然，成都生產的其他各種產品，例如錦官管理的絲綢產品，也有類似的管理體系。對於像托勒密社會主義所講究的那種管理都江堰和其他水利設施的水官或農官，直到諸葛亮那個時代都還存在；這樣做的結果當然會導致全面的經濟凋敝。

張騫在第一次通西域並向漢武帝彙報時，他就告訴漢武帝，在內亞的核心地區大夏（也就是夏朝的原始產地，今天的外伊朗地區），他看到蜀地產的布，問當地的商人這是從哪裡來的，他們說這是透過西南夷，透過緬甸、印度，也就是後來所謂的蜀身毒道，從巴蜀轉運過來的。這樣一來，我們如果過不了河西的話，為什麼不從西南夷這個方向過

馬王堆漢墓T型帛畫　馬王堆漢墓是西漢長沙國丞相利蒼與其妻、子的三座墓葬遺址，由於出土文物豐富且保存良好，極具考古價值。最著名的出土文物為T型帛畫，被認為不只有藝術審美價值，更有宗教上的招魂、避邪等功能；另外，尚出土了兵器、樂器與漆器。

去呢？然後下一位調查員就發現，儘管朝廷在實行社會主義的同時已經嚴禁郡縣制的蜀地（也就是低地蜀國）居民跟界外的封建各邦進行貿易，但是照《史記》和《漢書》的記載，張騫和他的同僚們發現，蜀商經常犯禁，像後來的賴昌星[25]一樣搞走私貿易，把朝廷禁止私自生產和私自出口的蜀貨，包括張騫看到的布匹之類的東西，賣到滇、桂、越南這些地方的封建領主和酋長手裡。然後這些封建領主和酋長在他們的多國體系下，當然，又把這些產物一站一站地賣到印度、中亞各地。當時《史記》和《漢書》對這種現象的描繪就是，「蜀奸賊出邊境」。什麼是蜀奸呢？就是做奸犯科。朝廷規定了要搞國有企業，而你們卻搞起了黑市貿易。「賊」在古代就是現在的強盜的意思，現在的「強盜」在古文中反倒是賊的意思。「賊」是什麼意思？就是說你們不僅犯禁，而且還是武裝走私的，你們像現在的昆沙[26]或其他販賣海洛因的毒販子一樣，帶著你們的走私產品武裝販運走私，必要時就跟朝

25 賴昌星（1958—），中國商人，前遠華集團創辦人兼董事長，遠華走私案罪犯暨中國通緝犯，曾在加拿大溫哥華居住十年，後被引渡回中國並遭到判處無期徒刑。

26 昆沙（1933—2007），漢名張奇夫，緬甸軍閥、知名海洛因毒梟，以控制金三角地區百分之八十以上的毒品生產而聞名於世。曾擔任反政府武裝組織——撣邦解放軍的首領，甚至於一九九三年公開宣布成立撣邦共和國，並自任總統，藉此與緬甸政府對抗。不過，為了避免美國的追緝，昆沙最後選擇向緬甸政府投降，其部眾則被下屬糯康所接收。

廷派來的官兵打一仗，所以你們蜀人實在是太壞了，朝廷的禁令你們簡直不當一回事。

當然，這種社會主義和走私貿易長期膠著的結果必然就是，朝廷統治的郡縣制地區的貿易不斷凋敝，從一個原本以商業為主的地區最後淪落為一個以農業為主的地區。商人要搞武裝走私，不斷跟海關的官兵打仗，也是件很煩的事情，他還不如跑到邊界外的自由經濟體去。那些王侯像現在的香港一樣，雖然地方還不如一個縣大，但是正因為它的地方小，所以還保留了過去封建時代那種不搞壟斷貿易的傳統。其實它搞壟斷貿易也沒有用，因為在一個地區，像近代的法蘭德斯和倫巴底一樣有幾十個邦國的地方，如果一個邦國——例如根特的公爵或者伯爵非要收高關稅的話，那麼商人拍拍屁股就跑了，跑到離它只有幾十公里遠的安特衛普去，然後照樣做他的生意，吃虧的只是公爵自己。安特衛普和阿姆斯特丹是很容易相互替代的。所以只要有多國體系，那麼各邦的統治者都不敢得罪商人，如此一來就會自然而然地產生資本主義。然而一旦實行了大一統和郡縣制度，朝廷就會覺得，自己已經把你捏死了，要搞壟斷貿易，要搞國有企業，諒你也沒有其他辦法，你唯一的辦法就是武裝走私，而武裝走私是有成本的。

這樣一來就導致上古蜀地的衰落。蜀地衰落的結果就是，政治組織和財富都衰落了。蜀地在經過秦漢帝國的社會主義改造以後，變成了一個以耕地為主的地區，而主要的居民也變成了編戶齊民。他們在血緣上跟冉氏家族和其他土司領主統治的山區居民沒有什麼不同，但是他們的組織度嚴重退化了。在嚴苛的社會主義法律統治之下，他們變成了編戶齊民，變成了一個很容易遭到滅絕的族群。結果就是，在秦漢帝國像羅馬帝國一樣瓦解的過程當中，他們幾乎是完全滅亡了。在秦漢帝國的所謂永嘉之亂中（晉帝國是秦漢帝國政治上的直接繼承人，從結構上來講，秦、漢、魏、晉是一脈相承的），由秦漢帝國的國家社會主義所形成的編戶齊民大面積地滅絕了。在蜀地只剩下兩種人，一種是山地的封建領主，他們在李特兄弟[27]的率領之下，沿著蠶叢王的故道進入成都平原，再一次填補了人口空缺；另一種則是青城山道教領袖范長生所統帥的教會。

你要注意，這個格局跟羅馬帝國滅亡時期的格局基本上是相同的。羅馬帝國以前的希臘羅馬城邦，政治共同體是城邦共和國，基礎共同體則是世俗部落。羅馬帝國建立以後，特別是在戴克里先[28]統治以後，開始推行國有企業、物價管制、行政官統治，漸漸地把各

27 李特（3世紀？—303），西晉末年氐人，其子李雄為成漢國開國國君。李特身長八尺、善於騎射，曾協助朝廷討伐趙廞叛亂，後率領蜀民脫離朝廷自立，死後由其弟李流（248—303）短暫接收其部眾。

28 戴克里先（Diocletian，244—312），羅馬皇帝，為了平定帝國內部不斷發生的動亂而創設「四帝共治制」：將帝國一分為二，並分別於帝國東西兩部設立主皇帝（奧古斯都）、副皇帝（凱撒）共四位皇帝統治國家；當主皇帝退休或去世

城邦的自治權都給抹煞了。在拜占庭後期法律的推動之下，原先世俗長老在布魯圖斯時代還非常大的權力也被取消了。這就表現為，離婚很容易，小家庭取代了大家庭[29]。大家庭、大的氏族是有能力威脅國家的，而原子化的小家庭則沒有能力威脅國家。也就是說，舊的希臘羅馬城邦共和時代的政治共同體和基礎共同體都解體了。政治共同體被軍國主義、社會主義、國有企業和行政官管理所取代；那麼基礎共同體呢，原有的氏族部落被後來的原子化小家庭所取代。這樣的結果就是，上層的官僚體制和軍國主義極其強大，而下層的小家庭極其脆弱，完全抵抗不住皇帝的壓力，於是羅馬自然由共和走向獨裁。在獨裁統治之下，人民的負擔當然越來越重，官僚系統越來越龐大，軍隊越來越多。最後，人民喪失了生育的欲望，儘管皇帝三令五申，義大利的人口還是不斷減少。

這時，羅馬帝國只有兩種人口是在不斷增長的。第一種就是界外的蠻族。他們其實跟希臘羅馬時代的那些凱爾特人不一定有很大的區別，羅馬治下的巴達維亞人和萊茵河對岸的日爾曼人根本就是一家。但是，在羅馬帝國治下的低地居民就跟巴蜀平原的編戶齊民一樣，喪失了生育欲望，在重稅的壓榨之下人口日益減少；而萊茵河對岸的自由的日爾曼人呢，在他們的封建領主和部落領袖的統治之下仍然沒有賦稅的壓力，根本就沒有行政官和常備軍，他們只承受大自然的壓力，他們的人口仍然繁盛。第二種就是羅馬帝國內部不斷產生的以基督教為代表的新型教會組織。這些新型教會組織把被羅馬帝國官僚制度和社會主義打散的那一盤散沙重新組合起來，而且以另外一種方式給帝國製造了很大的麻煩。在羅馬帝國晚期，帝國之所以要鎮壓基督教，有一個重要原因就是因為，鎮壓普通的散沙化居民很容易，要你出錢你就得出錢，要你出兵你就得出兵，你沒有反抗的能力；而基督教會呢，儘管他們原先在改信基督教以前可能也是散沙居民，然而一旦結成教會以後，他們又產生出一種不同於原先城邦共和國和不同於原先氏族部落組織的新的組織形態，這個新的組織形態跟原有的城邦和部落一樣地令人頭痛。皇帝鎮壓其他人很容易，至於鎮壓基督教呢，儘管一次又一次地鎮壓，都還是讓他們捲土重來了。

時，由副皇帝繼承帝位，並且再選出新任的副皇帝。此外，為了使帝國不至瓦解，戴克里先加強中央集權，為了強化皇帝威嚴，還稱自己為「主與神」（Dominus et deus），將皇帝描繪成半神半人與最高祭司。

29 按照羅馬法，婚姻在法律上因配偶雙方或一方失去「婚意」（affectio maritalis）而自動解除。羅馬帝國時期，隨著社會道德的鬆弛，離婚率大大增加。信仰基督教的皇帝如君士坦丁、查士丁尼等試圖立法處罰「不合法的」單方離婚甚至合意離婚行為（如見新律117），但按照羅馬法傳統觀念，「婚姻締結後，可以在不受處罰或受處罰的情況下解除它，因為人們之間達成的一切均可解除。」（新律22）到中世紀，教會法才最終徹底禁止了離婚。參見彭梵得《羅馬法教科書》，中國政法大學出版社，2017年，第123—125頁。

氐族與道教的聯合：重啟巴蜀封建盛世

最後，正如吉朋[30]所說，境外的蠻族和境內的基督教聯合起來顛覆了羅馬帝國。其實不是他們主動顛覆的，而是在羅馬帝國的散沙順民基本上自我滅絕、再也支撐不住羅馬帝國龐大的官僚制度和行政官體系、於是帝國自動瓦解的時候，這時只有境內的基督教教會和境外的日爾曼蠻族還有強大的人口再生產能力，他們自然而然地占有了原先散沙順民滅亡以後所留下來的荒地，創造了我們所知道的新歐洲。中古時期，秦漢帝國在東亞的地位就相當於羅馬帝國在歐洲的地位，它們解體的方式和蠻族入侵的方式也是相同的。在巴蜀這個小天地內，可以這麼說，范長生的道教教會就扮演了基督教會的角色，而李特所代表的氐人蠻族也就扮演了日爾曼蠻族的角色，他們攜手創造了中古時期的新巴蜀。這個故事在日後還要反覆重演很多次，每一次都是因為，帝國的編戶齊民產生出了毫無抵抗能力的順民，然後順民在走投無路的情況下也就只有滅亡一途，或者是在動亂時期被張獻忠或者張獻忠的前人所消滅，在這種情況下，也就只有山地的封建領主和殘存的平原地帶的教會組織多多少少能夠保持一定的人口，然後這些人口重新出來建造一個新的巴蜀。

可以說李特政權就像中古的日爾曼政權一樣，是一個再封建化的中古巴蜀，它重新打開了在秦漢帝國時期被封鎖的商路。所以，中古時期直到隋唐鮮卑帝國時期比較繁盛的新的絲綢業和音樂技術，都是在這一時期開始的。由李特開始、由武陵王蕭紀結束的這個中古再封建化時代，給巴蜀帶來了第二次繁榮時期。然後這第二次繁榮時期在趙宋王朝統治之下再度消失，結果就導致了巴蜀平原的人口在趙宋王朝滅亡時期遭受了第二次的毀滅。金庸小說世界中的郭靖，就是在趙宋王朝滅亡時期一起滅亡的土豪。實際上他跟當時淮西的土豪一樣，是由於趙宋王朝所代表的那種柔性的秦制、使土豪得不到施展而滅亡的。臨安朝廷的主要大將趙葵在巡視邊境的時候就發現，能夠跟蒙古人打仗的主要就是當地的土豪。但是土豪打完仗回來以後，他們的戰利品很容易被官兵搶奪，官兵在向上彙報的時候又會把所有功勞吞為己有。這樣一來，土豪的勢力越來越弱。等到沒有土豪以後，淮西、京湖和巴蜀的邊界就會無法守衛。另一方面，在北方的蒙古，蒙古人因為自己是從部落和封建體制起家的，所以對於投靠他們的封建團體比較能夠容忍。像汪德臣[31]、張柔這些

30 愛德華・吉朋（Edward Gibbon，1737—1794），英國歷史學家，著有《羅馬帝國衰亡史》。在歐洲旅遊期間，因造訪了羅馬廢墟而有了撰寫羅馬帝國史的想法，一七七六年《羅馬帝國衰亡史》第一卷出版後旋即獲得成功；一七八八年，吉朋被提名為皇家學會成員。

31 汪德臣（1222—1259），蒙古帝國將領，出自汪古部，為汪世顯之子。曾多次率軍擊敗宋軍，一二五九年隨大汗蒙哥攻

人，都是投靠蒙古人的封建團體。結果，在趙宋王朝把郭靖這樣的土豪一個一個剷除的同時，蒙古帝國卻把張柔和汪德臣這樣的封建土豪一個一個扶了起來。

最後巴蜀的戰爭就是，原先站在宋人一邊的曹氏等土豪被徹底消滅以後（他們被消滅的原因實際上不是因為蒙古人，而是宋帝國自身官僚主義的關係），蒙古人半封建式的汪氏、張氏這些土豪卻不斷成長起來，為蒙古帝國打下了這片江山。然後等到明帝國重新驅逐蒙古殖民主義以後，同樣的故事又重演一次，這一次就是張獻忠對巴蜀人口的清空了。張獻忠之所以能夠清空巴蜀人口，當然也是因為巴蜀平原地帶的人口已經沒有任何組織度或者抵抗力了。但是巴蜀山地的人口，以著名的秦良玉為代表，仍然是有能力抵抗的。然後他們在張獻忠這股洪水消退以後重新下山來填補人口，以及從百越所在的其他地方大量來填補人口，造成了近代的巴蜀。近代的巴蜀在滿洲帝國的統治之下，雖然滿洲帝國在移民政策和稅收政策比明帝國要開明一些，但它基本上仍然是一個以農為本、反對貿易的朝代，從內亞到東南亞的傳統貿易在滿洲帝國統治時代持續趨向於衰敝。而且由於這時海盜貿易已經興起，內亞貿易整體上已經衰敝了，已經不可能像是中古時代的外伊朗商團那樣，使巴蜀利亞重新跟國際接軌，重新恢復它的繁榮和先進了。

巴蜀利亞得以復興的任務，最終是由巴麥尊勳爵[32]和威妥瑪爵士所完成的。他們透過

《天津條約》、《北京條約》和《煙台條約》，打開了揚子江的貿易線。如果說上古時期的巴蜀和中古時期的巴蜀主要是依靠內亞—東南亞貿易線的話，那麼近代的巴蜀利亞就是完全依靠揚子江貿易線。只要揚子江在英法聯軍國際維和部隊的主持之下繼續保持貿易開放，那麼巴蜀的地主和商人就會繼續發大財，產生出一個足以建立自己的共和邦的新的階級。近代保路運動、辛亥獨立戰爭所產生出來的這個新的巴蜀，就是一八六〇年以來的幾十年，在英國保護之下的巴蜀利亞地主和商人所建立起來的各個公局在政治上進一步伸張意志的產物。巴蜀利亞的民族英雄，像尹昌衡[33]、夏之時[34]這些人，就是為這個新興的地主資產階級服務的。當然，新建立起來的國家一下子就要建立出像美國那樣的完整制度是不可能的，但是我們也可以負責任地說，一九一二年以後的諸夏各邦，包括巴蜀利亞在內，其建立出來的體制雖然不能跟美國相比，但要是跟玻利瓦留下的考迪羅主義的拉丁美

打合州釣魚城時陣亡。

32 亨利．坦普爾（Henry John Temple，1784—1865），英國首相、政治家，第三代巴麥尊子爵（3rd Viscount Palmerston）。擔任外交大臣期間（1830—1841、1846—1851）處理了一系列英國與歐洲的外交事件，例如反對法國和比利時合併以維持歐陸均勢；支持奧斯曼帝國以防止俄國勢力南向擴張。任職內政大臣期間（1852—1855）則進行了許多社會改革，例如推行《實物工資法》，禁止雇主以實物代替工資。

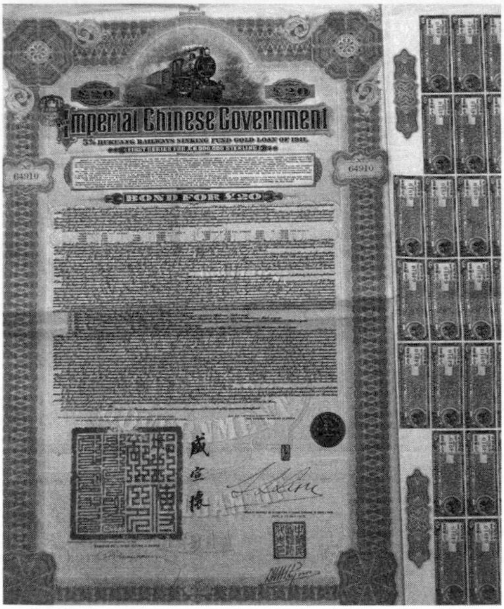

盛宣懷鐵路債券與辛亥秋保路死事紀念碑　一九一一年五月，清廷宣布「鐵路國有」，將地方募資興建的川漢鐵路、粵漢鐵路國有化，並且改向西方列強兜售債券（左圖），導致投資民眾不滿，發起罷市罷課，卻遭到四川總督趙爾豐下令槍殺請願群眾，史稱「成都血案」；一九一三年，地方政府與鐵路公司修建辛亥秋保路死事紀念碑，以紀念傷亡民眾（上圖）。

洲軍閥主義相比，並不見得遜色多少。這一切的衰敗都是因為列寧主義的入侵打斷了諸夏多國體系的正常進展。本來在袁世凱、吳佩孚相繼崩潰以後，已經沒有任何政治強人想再繼續維護玻利瓦式的美洲合眾國。無論上江各民族是在唐繼堯的領導之下建立一個聯邦，還是在本地軍閥的領導之下建立獨立的巴蜀利亞，他們未來的發展都會比蔣介石後來再次統一的那個列寧主義國家要好得多。

蔣介石的統一跟張儀和司馬錯的統一一樣，帶來了大一統帝國的拿手好戲——國家社會主義。法幣統一政策結束了巴蜀利亞獨立時期多貨幣競爭的時代。在那個時代，重慶像上海自由市一樣，通行著各式各樣的貨幣，包括從金沙江上直接運來的黃金，英國人從墨

尹昌衡與夏之時　一九一一年大漢四川軍政府成立，尹昌衡擔任軍政部長，因鎮壓暴動有功而獲各界擁戴為都督，並重組軍政府（上圖左）；隔年四川都督府成立，由尹昌衡出任都督，重慶則設鎮撫府，由夏之時擔任鎮撫總長（下圖）。

西哥和美洲運來的銀元，袁世凱鑄造的袁大頭，以及上海銀行和重慶各銀行發行的各種票據。由於多貨幣競爭，實際上是不可能發生通貨膨脹的。國民黨的法幣政策首先就結束了多貨幣競爭的時代，將所有貨幣、黃金和白銀收歸中央銀行，然後中央銀行就透過貨幣貶值，系統地毀滅了巴蜀利亞資產階級在一八六〇年以後幾代人積蓄起來的產業。同時，國民黨政權也推行以中央銀行財政支持的壟斷公司，而這些壟斷公司基本上是由跟南京政府有特殊關係的裙帶資本主義者製造出來的。而巴蜀利亞的地方商人，在他們自己的軍閥當政的時候，他們還可以直接跟英國人做買賣，累積自己的財富；在國民政府推行國家社會主義以後，你如果跟南京政府沒有關係的話，那麼想再分享這些蛋糕就變得不可能了。所以結果就是，在國民政府統治時期，巴蜀利亞本地的商業普遍退化了。

當然，國民政府的暴行跟共產黨政府的暴行相比，那自然又是小巫見大巫了。國民政府還給小商人和小地主留下了一點生路，而共產黨透過徹底的公私合營和國有化，不要說是小地主，連中農和貧農、甚至是個體戶都沒有留下，導致了巴蜀的全面貧困化。早在一九六〇年的饑荒來臨以前，巴蜀已經進入一個家家戶戶都沒有餘糧的年代。這種情況之所以發生，是因為共產黨政府憑藉蘇聯提供的二戰水準的先進軍事技術，打垮了巴蜀地方土豪所擁有的那些由十九世紀的軍事技術所組成的民兵，然後透過鎮反運動、土地改革和三反五反，把巴蜀軍界、商界和農村的精英階級從肉體上徹底消滅了。在肉體上消滅精英階級的下一步就是，普通居民喪失了他們的保護者，在今後的掠奪當中完全沒有反抗力量了。於是，就造成了你們今天所看到的這個巴蜀。

今天你在成都或者重慶的街頭隨便碰上一個巴蜀人，問他的曾祖父和祖父一代到底發生了什麼事情，你就會發現，今天的巴蜀在付出了一千萬人口非正常死亡的代價以後，已經沒有一個完整的家庭。閉上眼睛隨便碰上一個人，詢問他的家族史，你就會發現，每一個家庭都跟中國侵略者有不共戴天之仇。然後你還要發明中華民族，命令這些跟你有不共戴天之仇的巴蜀青年，為了你們這些仇敵，去反對跟巴蜀人從來沒有任何仇恨的美國人、日本人、台灣人和穆斯林，這事可能嗎？只要稍微有一點道德感情的人都會覺得，這嚴重違反人類常識和最淳樸的道德直覺。能夠做這些事情的人，必然是已經喪失了一切榮譽

33 尹昌衡（1884—1953），清帝國、中華民國軍事家、政治家，早年赴日本留學，並於一九〇六年加入中國同盟會，一九一一年四川省革命分子呼應武昌起義，大漢四川軍政府成立，尹昌衡擔任軍政部長，因鎮壓暴動有功而獲各界擁戴為都督。

34 夏之時（1887—1950），一九〇五年留學日本期間加入中國同盟會，一九〇八年返回四川後加入新軍，並參與推翻清廷的革命運動。曾擔任蜀軍政府副都督，以及川西護法軍總司令等職。

感、純粹唯利是圖的懦夫和小人。你如果像烏克蘭大饑荒的後裔發明烏克蘭民族那樣發明巴蜀利亞民族，不僅跟巴蜀的種族和歷史來源一致，而且也可以契合巴蜀人民愛護自己家庭和鄉土的天然感情；如果你發明中華民族，那麼你就直截了當地應驗了「認賊作父」這句老話。一條路通向屈辱和更多的屈辱，另一條路通向光榮和解放，任何對人類感情稍有了解的人都會知道哪一條路才是人類的正途。

如果巴蜀利亞民族發明成功，那麼當然，正如法蘭西民族發明的著名歌曲《馬賽曲》所說的那樣，巴蜀利亞的愛國者要用敵人的汙血，也就是中國恐怖分子、中國共產分子、共產國際恐怖分子的汙血，來灌溉我們的田野，洗雪從張儀和司馬錯入侵、到近代國民黨和共產黨入侵巴蜀給巴蜀利亞造成的一切苦難和屈辱，重新打開揚子江航道，使巴蜀人民恢復到國際主流當中；相反地，你如果甘願自認為中國四川省人或中國重慶市人，那麼毫無疑問地，你就會像是在蔣介石的抗日戰爭和毛澤東的朝鮮戰爭期間那樣，作為中國殖民者統治體系當中的最下一等人，在最危險的地方白白犧牲自己，反對跟自己無怨無仇的人，然後在你的背後只會留下滿目瘡痍的鄉土，你的妻子和兒女將會在你為中國殖民者犧牲以後照樣活活餓死，連一片紅薯葉子都吃不到。假如你有維持中立的餘地，當然你還可以考慮維持中立，但事實上你沒有這樣的餘地，非楊即墨。以前的統治者，像俄羅斯皇帝和奧斯曼蘇丹這樣的人，他還可以說，你可以不關心政治，不站在任何一邊；但是自從共產國際產生以後，這樣的道路是不存在的，你不是支持它就是反對它，是沒有第三條道路的。

我本人於二〇一五年在北京跟紅二代見面的時候，他們就曾經問過我：「你這樣折騰難道不害怕危險嗎？」我回答說：「你們給我安排的命運是在反對穆斯林的前線上當炮灰，我給我自己安排的命運是為西方帝國主義當炮灰。同樣是當炮灰，我寧願按照我自己的方式去當炮灰。如果有中立的道路，你給我指出一條來。」他們沒有給出任何答案。對於今天那些無法跑路的巴蜀利亞青年來說，你們面臨的道路也就是這樣的。你們要麼為你們的敵人（不僅僅是政治上的敵人，而且就是你的家庭的敵人，殺害你的曾祖父、餓死你的曾祖母的那些敵人）當炮灰，然後讓你的妻子和兒女留在家鄉餓死或者是去做妓女，要麼呢，同樣是死，你為什麼不為了解放你自己的祖國，光榮地死在自己的旗幟之下呢？正如派翠克·亨利（Patrick Henry）[35]在他的演說中所說的那樣，「下一陣北風就會把鏗鏘作響的刀劍聲傳到你們的耳中」[36]，可以選擇的時間已經不長了。我在二〇〇八年還在豆

35 派翠克·亨利（Patrick Henry，1736—1799），美國開國元勳、律師、種植園主、政治家兼演說家。

36 原文為「The next gale that sweeps from the north will bring to our ears the clash of resounding arms!」出自派翠克·亨利在一七七五年三月二十三日第二屆維吉尼亞議會上的著名演說「不自由，毋寧死」（Give me liberty, or give me death）。

瓣上寫文章的時候說「骰子尚未落地」，但是現在骰子已經落地。骰子落地的時刻，你所選擇的立場就是你未來幾十年的立場，你今後不再有重新選擇的機會，你們選擇吧。

夜郎民族篇

「西南夷君長以什數，夜郎最大。」

——西漢，司馬遷，《史記·西南夷列傳》

三、百濮聯合酋長國的前世今生

擂鼓上場！驍勇善戰的夜郎武士

我們所知的夜郎民族，是百濮民族最古老、最強大的一支。百濮民族和百越民族的關係，大致上就是義大利人和西班牙人的關係。今天構成馬來—玻里尼西亞語群各民族祖先的那一個族群，是東亞和東南亞最早的居民。在歷史的黎明時期，百蠻、百濮、百越都是他們不同的分支，百濮主要就是位於以長江上游山地為中心的民族。後來的夜郎國，也就是今天的安順一帶，是他們的中心。但是他們在文化上跟他們附近的百越和百蠻是大同小異的，因為他們有一個共同的起源中心。這個起源中心，照目前主流考古學的看法，是位於今天越南的西北部和泰國的北部。泰國北部的呵叻高原和越南的東山文化[1]所在地是最古老的銅鼓文化的產地。在迄今發現的銅鼓之中，時間最早、變異性最大的地方就是在越南和泰國邊界這個地方。然後，銅鼓文化逐步地從它的發源地向南北兩翼擴散。向北、向東擴散到今天的南粵境內，向北、向西擴散到今天的夜郎和滇，向南擴散到今天的馬來亞和印尼。銅鼓文化所在的地區，大致上就是形成今天南島語系諸民族祖先的那個族群所在的地區，形成夜郎的百濮各系民族是它的一個分支。

銅鼓　圖為東山文化的青銅鼓。銅鼓是東南亞文化的重要象徵和代表性器物，在越南、寮國、泰國等地的北部、緬甸東部邊境及中國西南地區十分流行。銅鼓的功能類似中國古代的鼎，既彰顯擁有者的社會地位和財富，在軍事征伐和宗教儀式上也扮演重要角色。「銅鼓」一詞最早見於《後漢書．馬援傳》：「馬援出征交趾，得駱越銅鼓，鑄為馬。」

百濮和百越有一點點不同，那就是百濮使用銅鼓的方式和祭祀的方式跟百越各地（包括印尼、馬來、南粵）各族群的方式有所不同，百濮有一個更加正規、具有武士或騎士團性質的祭司階層，而在百越大部分的部落當中，這個階級或是不明顯，或是凝聚力比較差。因此，夜郎國以及夜郎國所代表的百濮各酋長國比起史前時代的百越各系來說，他們形成的政治組織會更大一些。當然，這只是發展過程中的一點點小細節。就總體上來講，他們在考古學上顯示出的日常生活方式和政治組織方式大致上是相同的。在目前顯示的考古資料中，經常看到他們的器皿上出現羽人、龍舟這樣的圖案。可以想像，這種文化就是後來端午節的起源。龍舟就是龍舟競渡，羽人就是在龍舟上駕駛龍舟的武士。他可能喝了像蘇摩酒[2]一樣的飲料，在想像中覺得自己長出羽毛，像鳥一樣能夠飛翔，或者是產生了其他什麼魔法性質的想像。

後來被人放到屈原頭上和跟楚國好像有特殊聯繫的那種龍舟習俗，實際上是百越、百蠻、百濮各族群廣泛分布的習俗，最初跟屈原沒有什麼關係，產生的時間也比屈原要早得多。估計是後來在他們陸續被北方的中國帝國主義者征服以後，儒家的官吏要把他們原始

1 位於越南北部紅河河谷的史前文化，約始自西元前八百年，影響範圍涵蓋東南亞地區。古東山人已知種植水稻和飼養家禽，並能駕駛獨木舟進行漁獵和航行活動。東山文化最知名的遺產是青銅鼓，從表面精雕細琢的紋路可得知當時的鑄造技術相當高明；青銅鼓被用作祭祀禮器和貿易珍品，能彰顯持有者的財富與地位；東山文化被視為越南史上最重要的史前文化之一。

2 蘇摩是在早期婆羅門教儀式中會飲用的一種飲料，取自某一種至今仍屬未知的植物（或真菌）的汁液；蘇摩在祆教裡被稱為「豪麻」。雖然中文譯為「蘇摩酒」，但並沒有明顯證據顯示這種飲料含有酒精成分。

的宗教信仰作為淫祠[3]或者諸如此類的異端並加以取締的時候，他們為了保存自己的文化習俗，就把本來古已有之的龍舟競渡習慣放到屈原頭上，說「我們不是在搞淫祠，我們只是在祭祀古老的忠臣義士」。按照你們儒家的遊戲規則來說的話，祭祀忠臣義士有什麼不對呢？屈原是古代的忠臣，我們祭祀一下屈原，你們也沒有什麼反對意見吧。這樣一來，祭祀屈原的活動就不可能被劃入淫祠的範圍。如果不加上這一層保護罩的話，就可能會被劃為淫祠。結果時間久了以後，兩者就結合在一起了。所以，只從文字了解歷史的讀者很可能會誤以為龍舟僅僅是楚國的習俗，但其實恰好相反。最初的楚人，從荊山南下的楚人，有明顯的內亞風格，反而不搞龍舟這一套。搞龍舟的這些百越部落並不是楚人統治階級的基礎，而是楚人在長江中游立足、同化或者吸收了當地的百越文化以後才慢慢產生出來的。

古老的、產生夜郎的這些百濮部落跟分布在長江中游和下游、珠江流域、廣大的中南半島和東印度群島的百越部落有一點不同，部分原因可能是因為，他們所在的地方有更多的山。所以，儘管百越武士在史前時代是普遍以好戰著稱的，但是像百濮以及後來由百濮衍生出來的百僚系統這樣好鬥的族群，在百越當中也是不多見的。好鬥的結果是，他們產生了一個亦宗教亦武士的統治階級或者精英階級，構成了他們後來建國、形成民族的凝結核。按照現有史籍的記載，他們的銅鼓掌握在部落的勇士和長老的手裡。勇士和長老既有宗教的職能，又有武士的職能。最強大的長老，只要在他自己家裡擂起銅鼓，方圓幾十里都能夠聽見。銅鼓聲具有發出戰爭動員訊號的作用。只要他擂起銅鼓，跟他同族的或者是具有封建聯繫的武士就會紛紛趕來，聚集在他身邊。儘管他平時只不過是一個長老和武士，但是擂起銅鼓的時候他可以動員一支相當大的軍隊，多達上千人的軍隊。在上古時代，一般小的部落不過上百人，而一個銅鼓能夠動員起上千人的軍隊，這是一個非常大的政治力量。同時，銅鼓並不是簡單的軍事動員，它還有宗教上的意義。擂鼓也不是隨隨便便擂一擂、只要發出訊號讓大家趕過來就行了，擂鼓的節奏是很講究的，這門學問只有祭司才能掌握。所以，優秀的銅鼓使用者既是宗教長老，又是武士領袖。宗教方面，當然它有很多成分，跟各式各樣的原始神話都有關係，但有一點是有科學依據的，就是跟戰爭動員有關係這一方面。

這跟蘇格蘭人以及巴蜀人在戰前跳戰舞是同樣的道理。適當的動員可以使大腦裡面的腦內啡調整到一定的水準，同時可以在同一個戰壕、同一個戰地的戰友之間產生出一種跟

---

3 指非官方認可的祠廟，多由民間自行設立。

催產素有密切關係的兄弟情誼。依據目前的生理學研究，照理來說人都是自私的，無法輕易信任別人或是為別人犧牲，但是在三種情況下人會產生出極大的、高強度的兄弟情誼，以及為他人而犧牲自我、為團體而犧牲自我的高強度激情，這種激情跟催產素的水準有直接關係。這三種激情出現在以下三種情況下：第一是在母親和她的嬰兒之間，第二是在熱戀的男人和女人之間，第三是在軍樂和戰鼓伴奏之下、身處戰壕中的戰士之間。可以看出，前兩種必然就是人類作為一種生物自然而然所產生的，它的作用是一目了然的，而第三種則很可能是人類文明得以產生的關鍵因素。按照自然的紐帶，母親願意為她的孩子犧牲，情侶願意相互犧牲，對於人類的繁衍來說，它的意義是不言自明的，但是它未必能使人類的團體擴大到比血緣共同體大得太多的程度。要在沒有血緣關係的陌生人之間喚起絕對信任、足以相互犧牲的那種高度感情，是需要有一系列的人為手段的，而這些人為手段很可能就是蘇格蘭人跳戰舞以及夜郎先民擂銅鼓。

在這種情緒當中，節奏是非常重要的。在適當節奏的刺激之下，人體就會產生出適當的激素水準；而如果這個節奏錯了，就產生不出相應的激素水準。不僅古代的蘇格蘭人是這樣，甚至近代的軍樂也是這樣。表面上看近代的軍樂有各式各樣的來源，好像是跟某些具體的歷史事件和政治事件有關，但是你仔細考察它們的節奏，就會發現它們的節奏搞到最後都有一定的共同之處，它們全都具備透過一定的節奏喚起士兵之間的集體主義和忘我精神這個作用。軍隊是最需要集體主義和忘我精神的，無論是古代的部落還是現代的軍隊都是這樣。也許一開始的軍樂制定者只是出於偶然，但是透過多次嘗試錯誤以後，他們不約而同地都引向了某些特殊的節奏，這些特殊的節奏能夠對人體起到的生理作用如前所述。在上古時代，掌握這種節奏是一門專業的學問，不是人人都能掌握的。你即使有了銅鼓——這說明你在社會上有一定的資產，但是有資產並不一定有武力，更不一定具備宗教上的號召力。

如果你出生於一個祭司世家，或者是在某一位像赫曼・赫塞（Hermann Hesse）所說的那種呼風喚雨的大師家裡當過學徒，學過他的學問的奧妙，那麼這些學問的奧妙當中就包括擊鼓的藝術。像香港電影《黃飛鴻》裡面就提到，黃飛鴻在擂鼓的時候擂出了一曲將軍令，使他的徒弟和客人都感到佩服；而擂鼓也不是隨隨便便就能擂的，黃飛鴻能夠擂出將軍令，而一個小孩子亂七八糟地打鼓只能夠打出一些毫無意義的聲調，這兩者是不一樣的；擂出將軍令就是一門學問。夜郎人的古代祭司能夠擂鼓擂到恰當的鼓點，能夠最大限度地調動他手下武士的戰鬥力，這就是一門學問。如果他擂亂了的話，他手下的武士可能就會軍心不振。而他自己擂鼓擂得不好，他作為祭司兼武士的動員能力不足，手下的武士即使原來在他爺爺手裡很多，在他這一代也會四散。這就是為什麼在曹劌論戰[4]、《左傳》和春秋時代的文獻中可以看出，當時的國君帶兵出戰，由誰來擂鼓是一件非常重要的事情，不是隨隨便便什麼人都能負責擂鼓的。如果不是國君本人或者貴族、士卿的話，也必須是他們非常信任和器重的人，才能夠擔任擂鼓這個重要的職務。誰負責擂鼓，誰就負責掌握軍心。軍心的節奏一亂，戰爭就打不贏。而百濮民族相對於百越和百蠻的特點就是，他們特別強調軍事動員能力，因此他們在上古時代形成政治組織的時間特別早，好戰性也特別強。

等到夜郎聯合酋長國形成的時候，百濮民族已經依靠他們的銅鼓文化和武士傳統占據了從今天雲南東北部到四川南部和湖南西部的大片土地，比今天貴州省所在的範圍要大得多。上古時代的百濮民族、百越民族、百蠻民族都是屬於今天類似馬來—玻里尼西亞的族群，屬於東南亞而非東亞。上古時代的東亞，它的邊界大致上是，從長江下游開始，然後向東延伸，一直到錢塘江一線。錢塘江以北才算得上是東亞。錢塘江以南，包括五嶺南北，包括今天的滇黔所在的地方，跟越南、暹羅、緬甸、馬來和東印度群島沒有什麼區別，都是東南亞的一部分。居住在這裡的人民，習俗和文化都是大同小異的，像義大利人和西班牙人那樣。河西走廊、鄂爾多斯都是外伊朗民族的天下。而介於兩者之間的巴蜀，包括青海東部和甘肅南部那種古老的巴蜀，則是內亞文化區和東南亞文化區的一個過渡區。當時的東亞文化區只包括從寶雞和西安之間開始，向東沿著黃河和太行山延伸，到今天北京南面的拒馬河一帶，接著延伸到渤海，然後在山東半島延伸到淄博，向南延伸到南陽和淮河。這一個區域才是真正的東亞，也是最古老的中國。這個區域的東北，包括山東沿海、燕山山脈、朝鮮半島和滿洲所在的地方，則是環渤海文化圈。

上古時代末期，夜郎民族形成了自己獨特的政治體系，大致上來講就是一個聯合酋長國。外族把他們稱之為夜郎，但是夜郎的國君在他們之中並不享有特殊地位。可以這麼說，夜郎跟他們的關係比較像是荷蘭省、西蘭省以及尼德蘭七省聯合共和國（簡稱「聯省共和國」）的其他省分一樣。外人都把它簡單地稱之為荷蘭，因為荷蘭是聯省共和國當中航海業最發達的，像是聯省共和國的名片一樣，是在全世界各地出現的一個代表。但它只是各省中的一省，另外還有幾個省其實根本不搞航海，是以園藝和農業著稱的。但是既然外人都把他們稱為荷蘭，聯省共和國的其他各省也沒有意見。而在他們的聯盟內部，彼此

4 出自《左傳・莊公十年》，講述曹劌在長勺之戰中對此次戰爭的評論，並在戰時活用「一鼓作氣，再而衰，三而竭」的原理擊退強大的齊軍。該篇文章說明如何在戰爭中正確運用戰略防禦原則——只有「取信於民」、實行「敵疲我打」的策略，並妥善選擇反攻和追擊的有利時機，才能以小敵大，以弱勝強。

之間的鬥爭經常是相當激烈的。荷蘭人並不一定總是能占上風，經常是其他幾個省聯合起來把荷蘭人壓制下去。夜郎在百濮的聯合酋長國當中也是這樣的。百濮各部落聯合行動的軍事傳統是非常強的，使他們的鄰邦——包括巴人、蜀人、滇人、楚人都感到極其頭痛，因此這些人經常形成錯誤的印象，以為這些各邦都是在夜郎王的統一領導之下。但是實際上，在外敵入侵的威脅消除以後，他們彼此經常相互攻伐，而夜郎王經常打不過其他的邦國或者部族的聯盟。

在秦政、軍國主義在東亞產生以前，夜郎式的部落聯盟或者聯合酋長國基本上是無敵的。無論是巴蜀還是楚國，在企圖經略夜郎的過程中都是敗多勝少。但是在秦人推廣他們的軍國主義技術以後，情況就發生變化了。秦人在占領巴蜀以後，在黔中地區建立了要塞，長期下來都沒有被夜郎人攻陷。這使夜郎人喪失了獨立的第一個契機。秦人建立這些要塞的目的，是為了打通從巴蜀開始、從背後青陽一帶抄楚國後路的交通線，對夜郎本身並沒有太大興趣，所以它只滿足於建立幾個沿江和沿河的要塞，保證秦人的軍糧運輸和軍隊調動。對於夜郎各部族的大部分領土並沒有發生影響，也沒有影響夜郎的經濟生活。夜郎的經濟生活，除了本地的產業以外，主要就是依靠從橫斷山峽谷南下的通道，以山地蜀人為媒介，跟內亞各部族進行貿易，然後透過水網系統，跟百越各民族進行貿易。所以，儘管夜郎當地缺少許多礦產資源，但它的青銅冶煉業和鐵器冶煉業在上古時代卻是相當發達的。其中有很多元素，例如錫礦之類的，很可能是從馬來半島運來的；甚至有些東西可能是透過蜀身毒道，從橫斷山沿著喜馬拉雅南麓、伸向印度次大陸那條道路所運來的。因此，各部落的酋長等於是既富裕又強大，沒有把北方的秦人放在眼裡，而秦人也沒有把夜郎當作他們主要的征服對象。即使是在秦人發兵進攻南粵的時代，夜郎也沒有受到影響。可以這麼說，夜郎的聯合酋長國制度在秦政產生以前是政治上的強者。正因為如此，他們忽略了在秦政產生以後對自己的政治組織進行進一步升級的必要性。

中國帝國主義者侵略夜郎

秦楚之間的戰爭最後導致了秦國的滅亡，但是繼承了秦帝國的漢帝國把秦帝國的國家社會主義和軍國主義動員體系做了進一步的發揮。我們都熟悉的張騫，在企圖透過河西走廊斷匈奴右臂的目標沒有實現以後，就向漢武帝獻策，希望開拓蜀身毒道，打開通向內亞的道路。其實，通向內亞的道路正是秦漢的國家社會主義體制自己所破壞的。在多國林立的情況下，東亞分散的各邦通向內亞和東南亞的道路都是暢通無阻的。正是因為秦漢在商鞅變法以後實行了國家社會主義制度，把重要產業──包括冶金產業、鹽產業、漆器產業和重要的手工業都收歸國有，實施軍事化管理，同時嚴格強化官禁，禁止國有企業以外的私商搞走私貿易，才導致內亞交通線從秦漢帝國的國境線上向西移動，移到橫斷山區、夜郎和滇境內，移到河西走廊的月氏人[5]手裡。然後，商路的改道自然會導致技術和財富的流失，結果使秦漢帝國自身處於極度被動的狀態。然後漢武帝的作法就是，一手大撒幣[6]，用大量的錢去收買那些境外的中亞各小邦的君主，一手用軍國主義的手段實行武力干涉，去打擊這些小國，企圖用強盜的手段得到由於自己破壞自由貿易而失去的東西。這樣一來，滇和夜郎都要直接面對中國帝國主義的進攻了。漢帝國一度動員了全國的軍隊，沿著水路進攻夜郎，攻陷了夜郎的王都，在這裡建立了漢帝國的郡縣[7]。這是中國帝國主義者第一次侵略夜郎。

但這場戰爭沒有持續多久就轉向對漢帝國不利的局面。漢帝國的歷史記載是這樣說的：「漢軍撤走以後，新來的郡守面臨著一群武裝群眾，這些武裝群眾自然是夜郎人，他們說：『漢帝國的皇帝沒有為夜郎王立嗣，沒有選拔夜郎的嫡系繼承人當我們的君主，我們不服。』」[8]這段記錄背後顯示出的涵義是什麼呢？其實就是，主力軍打下了夜郎的核心地帶以後，自然而然又撤到其他地方去了，然後漢帝國派來的官吏無法控制當地四起的叛亂，為了在報告中維持帝國的體面，就把這些叛亂說成是武裝群眾了。後來滿洲帝國對英國也是這樣的，所謂鴉片戰爭的歷史，如果你從滿洲帝國的公文檔案中研究，像沈志華研究朝鮮戰爭那樣相信檔案資料是最真實的，那麼你就會從滿洲帝國的檔案資料中看到這樣的景象：一群由英國商人組成的群眾被萬惡的貪官林則徐在廣州虐待以後哭告無門，只有一路向北方上訪，一路上訪到了大沽口。在大沽口，謝天謝地，他們終於碰上了著名的清官琦善[9]。琦善經過調查研究，在接受了上訪群眾的狀紙以後，發現萬惡的貪官林則徐

5 指前七世紀至一世紀生活於甘肅西部和新疆東部一帶，以遊牧為生、從事玉器貿易的民族，被匈奴打敗後一分為二，西遷至伊犁者稱作大月氏，留在甘肅與青海祁連山西北麓者則為小月氏。

6 借用網路上對中共對外政策的諷刺性說法，「大撒幣」與「人傻逼」讀音相似，指以鉅款贈送或援助其他國家。

7 《漢書》記載夜郎王興在漢成帝河平二年（前27）時舉兵反漢，漢帝國派兵誅滅，夜郎國亡。改設郡縣。

8 《後漢書卷八十六・南蠻西南夷列傳第七十六》：「夜郎者，初有女子浣於遯水，有三節大竹流入足間，聞其中有號聲，剖竹視之，得一男兒，歸而養之。及長，有才武，自立為夜郎侯，以竹為姓。武帝元鼎六年，平南夷，為牂柯郡，夜郎侯迎降，天子賜其王印綬。後遂殺之。夷獠咸以竹王非血氣所生，甚重之，求為立後。牂柯太守吳霸以聞，天子乃封其三子為侯。死，配食其父。今夜郎縣有竹王三郎神是也。」

9 琦善（1786—1854），蒙古博爾濟吉特氏，滿洲正黃旗人，世襲一等侯爵，清帝國官員。一八四〇年九月至十二月期間，接替林則徐擔任兩廣總督，起初在鴉片戰爭中主張剿敵，但在見識到英軍的船堅炮利之後改採求和態度，因私下與海軍上將查理・義律爵士訂立《穿鼻草約》，割讓香港並賠款六百萬元，事發後被道光皇帝問罪，改發派至西藏、四川任職。

沒有體會皇上的良苦用心，用殘酷的暴政欺壓少數民族群眾，陷聖明天子於不義。這樣的事情嚴重損害了皇上的聲譽，所以他就代表皇上嚴肅處理了林則徐這個壞官員。英國上訪群眾得知皇上的英明，立刻歡聲雷動，紛紛表示，我們無比熱愛大清皇帝，我們的冤屈得到解決了，我們對皇上再也沒有什麼要求了，我們只希望能夠回到歐洲去，向歐洲各國的野蠻人到處宣揚皇上的威德，讓他們知道皇上是多麼地聖明。如果你沒有歐洲方面的對照資料的話，鴉片戰爭的歷史就只能按照上述方式去寫。所以用同樣的方式來推論，你就可以看出，漢帝國的檔案資料所反映的實際上是這個事實：漢軍撤退以後，當地的行政官員無法控制當地各部落的反抗，然後在控制不住的情況下，他們為了掩飾他們自己的失敗，就向朝廷報告，說是當地的武裝群眾迫使他們強行擁立夜郎國王的後裔擔任他們的君主。

這樣一來，中華帝國主義者留在夜郎的行政機構實際上就僅僅變成一個自欺欺人的外交官和貿易站站長了。這在中華帝國和後來的建康—拜占庭帝國[10]當中是非常常見的現象。一方面，這樣的官吏在朝廷當中是肥缺。清官——我們要注意，清官這個詞的原意不是不拿錢的官，而是清要之官，就是高門貴胄才肯做的官。這種官是負責決定政策的，是不幹活的，所以他很閒，這就叫作「清要」。濁官是出身低賤的人才做的官，這些官也可能賺很多錢，但總是很忙，是幹活的官。駐夜郎以及駐湖湘、贛越、南粵各地的官都是屬於濁官。本來出身就是上等人家庭、自己家裡也不缺錢的人，是不肯為了錢去做這些官的。但是做這些官能賺很多錢，為什麼呢？就是因為他們能夠深入到帝國所謂的蠻族境內。從理論上來講他們是太守，是統治這些蠻族的，但是實際上正如我剛才所說的那樣，除非是大軍壓境，否則當地的各部族根本不聽你的話。但是，你駐紮在他們之中，你就可以做走私貿易。當地的酋邦和酋長國不像帝國那樣搞國家社會主義，不搞國有企業，因此也沒有什麼關稅或者關禁之類的。所以，在上古時代遍布整個東亞的貿易網，在他們這裡仍然相當活躍。在朝廷的體系內部，只能是皇帝給你分米、分布或者分田。有很多只有透過自由貿易才能得到的奇珍異寶，你買不到。你如果到廣州去做官的話，那你就發大財了。你跟當地的酋長合作，好好搞一下走私貿易，什麼珍珠、玳瑁、南海的各個奇珍異寶，都到你手裡面了。所以，一方面，這樣的官是被朝廷瞧不起的，清官瞧不起你，因為只有缺錢的人才會做這樣的官，我們家本來就有錢，我是不會去的；另一方面，對於濁官來說，這又是一個令人羨慕的肥缺；夜郎地區的官吏就是這個樣子的。

10 四七六年西羅馬帝國滅亡後，拜占庭帝國依然以羅馬帝國的正統自居，作者以此比喻東晉、宋、齊、梁這四個失去北方領土、偏安江南並以建康為首都、以漢、晉帝國正統自居的漢人政權。

但是，做這種官吏，你還要承擔另一方面的責任，就是說你要負責顧到朝廷的面子。從理論上來說，你是代表朝廷去向當地的少數民族宣揚威德的，所以你可不能說你是去做走私貿易的。你一定要製造很多報告，讓朝廷相信，自從你去了以後，當地不服王化的各部落都突然開始熱愛朝廷了，都突然聽說了原來沒有聽說過的遙遠地方出了聖人，然後送了些土產過來，並且表示說這是我們被聖人的威德所感化，主動地、自發地送給當朝皇帝的禮物。皇帝的虛榮心得到滿足之後，才會願意讓你繼續做這個官。要不然，皇帝聽到當地部落這樣不知好歹，動不動就要造反，很可能一怒之下就說，這些地方沒有好處，還要我天天開支軍費和行政費用，我還不如索性把這些地方給撤了[11]。一旦撤了以後你就做不成官，做不成官你就不能搞走私貿易，你也就發不了財。中古時代的夜郎就處在這種狀態。當地的漢帝國官員在實際上，第一，是一個貿易站的站長；第二，是一個兩面撒謊的外交官。一面要騙過中國皇帝，讓他以為他在當地的部落當中威望很高；另一方面又要騙過當地的酋長，讓他們相信，我來此地對你們沒有別的意思，就是來跟你們做買賣的。

鮮卑帝國時期，當時的官吏所留下的歷史就是這樣的。有一位清官，他在以漢字書寫的史書中所留下的形象是這樣的：以前，隋帝國派往當地的官員都是一心只知道撈錢的。當地各部落如果打仗的話，雙方的部落都會給他送錢。他吃了原告吃被告，發了不少財；

而且大家都是這樣做的。所以，一有朝廷官員南下，當地的部落就會自然而然地給他送點錢。但是，當地的部落也會因此而非常瞧不起朝廷官員。自從這個人來了以後，就一改以前各路官吏只知道要錢的作風。他來了之後，各部落的酋長給他送錢，他都堅定不移地拒絕接受。而且還痛哭流涕地告訴他們，你們送來的這些金子既不能吃又不能喝，你們還要為它賠上性命，划得來嗎？請讓我給你們講解一下孔子的道理吧。孔子教導我們，普天之下皆兄弟，大家應該和平友愛。你們以後不用再打仗了，不用再流血了，各人的金子也都留在自己手裡，豈不是好事？按照史書的記載，當地部落聽到他的布道以後，頓時非常感動，也不再給他送金子了，而且大家也不再打仗了，大家都各自帶了幾本《論語》回去，教導自己的部下，以後和平與友愛就遍布了整個地區[12]。當然，這肯定是謊話，因為依照之後的歷史記載，當地的戰爭一點都沒有消止。所以真實發生的情況大概就是，以前的官

11 《史記·西南夷列傳第五十六》：「數歲，道不通，士罷餓離濕死者甚眾；西南夷又數反，發兵興擊，耗費無功。上患之，使公孫弘往視問焉。還對，言其不便。及弘為御史大夫，是時方築朔方以據河逐胡，弘因數言西南夷害，可且罷，專力事匈奴。上罷西夷，獨置南夷夜郎兩縣一都尉，稍令犍為自葆就。」

12 《資治通鑑》卷一七九：「始，毗為西寧州刺史，凡十一年，蠻夷酋長皆以金多者為豪雋，遞相攻奪，略無寧歲，毗患之。後因諸酋長相帥以金遺毗，毗置金坐側，對之慟哭，而謂之曰：『此物饑不可食，寒不可衣，汝等以此相滅，不可勝數，今將此來，欲殺我邪！』一無所納。於是蠻夷感悟，遂不相攻擊。上聞而善之，征為大理卿，處法平允。」

吏發了一筆財之後就乖乖走人，現在來了一個官吏，發財還不能使他滿意，他還要裝厲害，所以在發財的同時，他替自己編了一套故事，證明他不是只來賺錢的。這套故事至少騙過了朝廷那邊。

只要這個模式還能夠繼續維持下去，中古時代的夜郎就可以維持繁榮。當然，像儒家官吏所要求的那種順民式的和平，是不受他們歡迎的，因為貿易自古以來就是跟戰爭連在一起的。要知道，夜郎這個地方是不產黃金的，黃金肯定是透過貿易而來的，那麼它必然也有一個武士團體。武士團體維持了多國體系，而多國體系又必然會造成小規模的戰爭。正是因為有這些小規模的戰爭，國君才會依賴商人，商人能給他帶來各式各樣的軍火武器，能給他提供財政收入。多國體系之下的各個小國都有一支武裝部隊，所有的小國都要依賴商人提供他們錢和技術。這樣的話，雙方就可以結合得非常好。所以，你不能夠指望又搞私人資本主義、又是天下太平，私人資本主義是一定要伴隨著一系列多國體系下的低程度的戰爭的，各國分立和低程度戰爭正是維持資本主義的必要條件。如果夜郎的各城邦之間像大一統帝國的儒家學者所設想的那樣，以後就像各郡縣一樣不再打仗的話，他們也就不再會是自由貿易的通道所經過的地方，也就不再會有那麼多黃金來送給你了。

中古時代的夜郎各部族之所以能夠維持自己的獨立，當然就是依靠貿易和武士團體的結合。宋人看到他們的強大武力，在金人和蒙古人對宋人發動進攻的時候，覺得他們是適當的盟友，因為他們的戰鬥力比宋帝國官方的雇傭兵強得多。後來播州楊氏[13]的祖先就是在援助宋人的戰役中從各路酋長和土司中嶄露頭角的。他當然不是夜郎各酋長當中唯一的一個，但他是各酋長當中比較親宋的一個，而且他本身也因為提供宋人軍事援助而得到了很多好處。就現在宋元戰爭所留下的史料來說，每一次宋人要在巴蜀採取軍事行動，都要從臨安撥出大量的金帛送給楊家，楊家拿了這些金帛以後也沒少替宋人出力。著名的釣魚城之役[14]，實際上主要是播州楊家的土司兵打的，而宋人官軍的戰鬥力照例都是非常薄弱的。宋人能夠在巴蜀和滇桂邊境長期抵抗蒙古人的進攻，主要就是因為夜郎土司當中相當大的一部分為它提供了軍事資助。早在蒙古人還沒有到來的時候，宋人就因為被金人和遼人切斷了內亞戰馬的通道（也許除了戰馬以外還有其他一些重要技術，但是官方的記錄一

13 貴州史上的土司政權，統治者姓楊氏，與水西土司、水東土司、思州土司並稱為貴州四大土司。唐帝國末年，楊端實際控制了播州，建立了世襲的本地政權，宋、元兩代均予以承認，直到一六〇〇年才被明帝國所滅。

14 一二五九年，蒙古大汗蒙哥親率軍隊攻打釣魚城，但遭遇守軍頑強抵抗，不僅大將汪德臣戰死，蒙哥也於戰役中深受重傷，不久後逝世，蒙古軍隊也隨之撤退。釣魚城軍民持續守城二十年，直到一二七九年才開城投降，南宋亦於同年滅亡。

般都只談到戰馬），不得不依靠夜郎各路酋長給它提供戰馬。陸遊在詩中還對此呻吟了一通，抱怨宋帝國在這種貿易中總是吃虧。其實，對於最為閉塞的東亞帝國來說，自古以來它的技術和財富就只有兩條通道，一條通道就是內亞通道，通向歐亞大草原，另一條通道就是南洋通道。所謂的以夜郎為代表的西南夷，就是東南亞和東亞邊界上的前哨。宋人在失去內亞通道以後，對東南亞通道的依賴性當然就極大地增長了。

從蒙滿帝國的因俗而治到諸夏聯盟的地方自治

蒙古人順著巴蜀先民南下的那條岷江—橫斷山通道，入蜀、入滇，控制了巴蜀全境。當然，它的控制不僅僅像某些人說的那樣，純屬軍事征服，因為蒙古部落本身的封建結構使它比較容易把原有的土豪納入它自己的封建體系。它不僅在大理、巴蜀這些原有的封建結構還相當強大的地方扶植當地的土豪和領主，而且在實際上已經被金國和宋帝國高度郡縣化的地方，包括淮西、天平、晉國這些地方，扶植了大量的封建領主。所謂的宋元戰爭，實際上經常就是張柔、汪德臣這些蒙古人所扶植的封建領主跟宋帝國正規軍和土豪打仗。蒙古的體制比較封建，在它的體制當中，領主的權力是很大的；而宋人的體制就比較官僚，像郭靖這樣的土豪在宋人的體制當中經常是不得好死的。歷史上真正的郭靖可以說是一位巴蜀愛國者，他本來是一心想要幫助宋人抵抗金人和元人的，結果卻死得很慘[15]。

其實後來照趙葵在淮西的報告來說，這也是宋帝國體制的致命之傷。為宋帝國賣命的土豪得不到好下場，而他們如果索性念頭一轉，乾脆改換陣營，投到蒙古人那邊去，反倒很容易變成所謂的世侯[16]，也就是封建領主。本來封建性就很強的南詔、大理，自從加入蒙古人的體系以後，也把它的力量加到蒙古一方。蜀人的領主在曹氏、郭氏相繼敗亡以後，也紛紛加入蒙古一方。結果，宋人和夜郎的聯盟就變得勢單力薄了。而且宋人還是像過去一樣不知好歹，對加入己方的土豪不知優待，反而經常猜忌。臨安的朝廷經常排擠蜀黨[17]，當然更要排擠跟蜀黨結盟的夜郎領主，最終導致他們全部叛逃到蒙古那一邊。夜郎

15 《宋史》卷四四九《列傳第二百八・忠義四》：「有郭靖者，高橋土豪巡檢也。吳曦叛，四州之民不願臣金，棄田宅，推老稚，順嘉陵而下。過大安軍，楊震仲計口給粟，境內無餒死者。曦盡驅驚移之民使還，皆不肯行。靖時亦在遣中，至白崖關，告其弟端曰：『吾家世為王民，自金人犯邊，吾兄弟不能以死報國，避難入關，今為曦所逐，吾不忍棄漢衣冠，願死於此，為趙氏鬼。』遂赴江而死。」

16 指金帝國末期，境內漢人、契丹人土豪紛紛聚眾爭奪地盤，逐漸在各地形成武裝勢力。蒙古帝國為了收編這些本地豪強，分別授予他們世襲官職，並允許其在領地內自行徵收賦稅。

17 北宋王安石推行變法，引起新舊黨爭，進而影響朝政。黨爭除了展現文人之間的對立衝突，也具有明顯的「地域性」，例如光是舊黨就能再分為以蘇軾、蘇轍為首的「蜀黨」（四川），和以程頤為首的「洛黨」（洛陽），兩黨進行了長達

楊氏叛宋歸蒙，是宋人完全失去長江上游的一個標誌。喪失長江上游意味著，從戰略上來講，自從宋帝國立國之初就喪失了內亞通道，在喪失巴蜀、夜郎和長江上游各領主的忠誠以後，它連東南亞那條通道也斷了，以後就變成甕中之鼈了。蒙古人和它的各路盟軍沿著長江中游的水道順江東下，在丁家洲迅速地擊潰了宋帝國水軍的主力，使宋人徹底滅亡。

蒙古征服宋帝國以後，自然而然就出現了內亞征服者征服東亞以後都要面臨的一種情況：內亞人是憑他掌握技術通道的優勢和他國家體制內部的封建因素，戰勝了編戶齊民、更加僵化和專制的東亞官僚政體，同時東亞官僚政體也是在貿易和技術通道中處於更不利的一方；但是在征服以後，原先以兩國交兵形式體現的內亞封建主義和東亞吏治國家之間的衝突，就要在新的內亞—東亞聯合帝國內部體現出來了。本來是蒙古人的封建主義和宋人的專制主義交鋒，然後蒙古滅宋以後，封建主義和專制主義就要在蒙古帝國的內部交鋒了。從蒙古封建貴族的角度來講，這當然就是內部的腐化。腐化的結果就是，企圖把蒙古漢化、費拉化或者郡縣化為東亞式專制帝國的那一派，必然要對蒙古內部的封建領主和土司下手。這種內部鬥爭就體現為改土歸流。企圖在夜郎改土歸流、企圖徵用夜郎領主的兵力進一步到緬甸和東南亞去打擴張戰爭的那一派，激起了夜郎領主蛇節[18]的叛亂。這次叛亂使蒙古人在中南半島的遠征徹底一敗塗地，但是也有效地遏制了蒙古帝國去封建化的過程，使滇黔各地的領主更加長久地保全了他們的自由。

直到蒙古帝國垮台，明帝國更新了秦制的專制主義，並且再次入侵夜郎，夜郎領主才面臨新的挑戰。這一次，明軍占領了夜郎低地，在當地設立了許多軍戶，從內地的郡縣制地區派來了多達十幾萬的強制移民，占據了夜郎人原先所占據的低地沃土，把夜郎人趕到了比較貧瘠的山地，而且切斷了很多重要的交通線。近世夜郎由中古時期那個遍布黃金、經常有很多金砂和奇珍異寶、各路朝廷官員求之不得的美差肥缺之地，逐步變成近世的貧困地區，關鍵就在於朱元璋的這次入侵。但是，專制主義有它內在的弱點。軍戶維持不了幾代，沒有人高興做編戶齊民，更沒有人高興做軍戶，他們很快就逃散殆盡。明帝國洪武年間派來的十幾萬移民，到弘治年間，照明帝國的官方報導，只剩下幾萬人了，流失率是超過三分之二的。當然，這些人並沒有死，只不過是覺得在國有企業和編戶齊民之下混日子沒有什麼前途，還不如自己單幹，很可能有一部分人回老家去了，有一部分人經商去了，有一部分人就進山裡跟夜郎人混在一起。官府能夠控制的人口少到微不足道的程度。

七年的內鬥。黨爭影響朝政、使國家動盪，北宋亡後，黨爭依然延續到南宋朝廷，持續衝擊朝政。

18 蛇節（？—1303），元帝國時期貴州彝族水西土司阿里之妻，丈夫死後接任亦奚不薛總管府總管。曾於一三〇一年號召各民族起兵反抗元帝國的統治，攻下貴州，一三〇三年兵敗被俘遇害。

這時，夜郎的領主和酋長又變得無法控制了，他們在弘治年間以後公開發動了三次大叛亂，一次比一次激烈。最後一次，把從巴蜀調來支持貴陽的明軍幾乎全部殲滅，使重慶和貴陽陷入圍城狀態。被包圍的明軍就拿出他們的祖傳法寶——吃人。等到最後貴陽和重慶解圍的時候，解圍的官兵驚愕地發現，貴陽和重慶的大街小巷裡到處都擺著人肉攤子，一個女人的人頭賣五百文，一個小孩的人頭賣三百文。這批明軍能夠打敗夜郎封建領主的軍隊就是因為他們能夠做出封建武士做不出來的事情，他們的底線更低，你打破不了的底線他們能夠打破，他們可以肆無忌憚地吃人。但即使是這樣，他們仍然只能把夜郎人趕回山區。在多山的夜郎，這樣的勝利是非常不徹底的。

明帝國對夜郎國家的入侵（示意圖）　明帝國和夜郎國家之間的關係，主要表現為播州楊氏土司政權和明國之間的外交關係。播州土司大約在唐代於播州形成世襲地方政權，歷經宋元，形同藩鎮；到萬曆二十八年（1600），楊氏政權被明政府所滅。楊氏占據播州前後二十九代，歷時七百餘年。

搖搖欲墜的明帝國很快就被張獻忠之類的流寇和滿洲人推翻了。在這場動亂當中，巴蜀、夜郎和滇的封建領主全都站到了滿洲人那一邊。這跟他們當年站在蒙古人那一邊的道理是相同的。一方面，從體制上來講，滿洲雖然相對於蒙古而言是內亞更為偏遠的末梢，但是它內部保存的封建性至少是比明帝國多一些，也比張獻忠那些流寇要多一些。同時，夜郎的領主正如蜀、滇兩國的領主一樣，他們在跟明帝國打交道的過程中，跟明帝國的地主、士紳和商人實際上也形成了多重的合作關係。因此在張獻忠屠殺這些士紳和百姓的時候，他們也可以說是出於階級本性，不可避免地要敵視這些流寇，因此他們把滿洲人看成掃平這批流寇的正義之師。秦良玉在巴蜀的政治態度，就可以代表夜郎、滇、蜀三國各領主共同的政治態度。

滿洲人在入關之初、封建性還比較強的時候，因為他們在自己還是封建領主、被明帝國的遼東官吏迫害的時候曾經受過類似的氣，所以也比較能理解夜郎人的感受，因此康熙皇帝就曾經下詔跟他的官吏說：「夜郎之所以不斷跟明帝國發生戰爭，並不是因為夜郎人有以前匈奴和突厥那種巨大的野心，想要征服東亞，他們不過是受了官員的欺負而已。流官對當地不負責任，一心想挑起叛亂，把平叛的戰爭當成自己升官發財的機會。要想讓夜郎一帶重返太平，大家共用太平之福，我們滿洲人就得要吸取歷史教訓，跟當地的土司搞好關係，尊重他們傳統的習俗和自治權，不要隨隨便便生事。」[19]但是這個政策到了滿洲帝國中期就漸漸堅持不下去了。原因也就是我剛才講過的，內亞因素和東亞因素，封建因素和專制因素，過去以明清戰爭的形式表現出來，在滿洲滅明以後就自然以體制內部矛盾的形式表現出來。滿洲貴族當中漢化或者是退化比較徹底的那一部分，又在鄂爾泰[20]的領導之下企圖改土歸流，因此在夜郎掀起了新的戰爭。

鄂爾泰　出身滿清八旗的鑲藍旗，一生仕於清帝國，官拜保和殿大學士兼軍機大臣、太保，深得雍正皇帝賞識。曾出任雲貴總督，兼轄廣西，積極推行改土歸流，廢除原本的土司制度而改從朝廷派遣官吏至當地進行治理。

有一部分夜郎領主屈服了，願意交出他們的官位，領到一筆退休金，從此放棄他們的政治權利，但是做出這種選擇的領主和他們的臣民都會因此而後悔，因為雍正皇帝和熱衷於漢化的鄂爾泰開始在當地開荒，引進無產階級移民，把夜郎原來屬於村社共同所有的土地分給這些移民，實質上構成對原住民土地的不法侵占。這些新來的窮人，因為他們原先在自己的老家都是無地的貧下中農，到了這裡至少有塊地可以種，他們自然會對招募他們來夜郎的滿洲帝國官吏感恩戴德，他們會比原來的土司更加服從滿洲帝國。如果說原來的土司在明帝國和滿洲帝國僅僅是附庸和盟友、並不是絕對服從的臣民的話，這批新來的移民，道道地地的編戶齊民、順民，就會變成絕對服從的臣民。滿洲帝國的官吏就企圖用這種方式，潛移默化地改變夜郎的人口結構，使他們變成奴顏婢膝的編戶齊民，喪失他們高地人的武德和政治組織。這樣做的結果，導致了清帝國中後期夜郎的大規模叛亂。

在粵滿戰爭（太平天國戰爭）前夜，夜郎各路民軍已經把清軍包圍在貴陽城裡，使他們不敢出城一步。隨著粵滿戰爭和粵湘戰爭的升級，粵軍、滿軍和湘軍相繼開進了夜

19 《清實錄．康熙朝實錄》載：「康熙二十五年二月庚子，諭大學士等：『近雲貴督撫及四川廣西巡撫，俱疏請征剿土司。朕思從來控制苗蠻，惟在綏以恩德，不宜生事騷擾，今覽蔡毓榮奏疏，已稔悉其情由。蓋因土司地方所產金帛異物頗多，不肖之人苛求剝削，苟不遂所欲，輒以為抗拒反叛，請兵征剿。在地方官，則殺少報多、希冒軍功；在土官，則動生疑懼，攜志寒心。此適足啟釁耳。朕惟以逆賊剿除，四方底定，期於無事；如蔡毓榮、王繼文、哈占等，身為督撫，不思安靜撫綏，惟誅求無已，是何理也？』」

20 鄂爾泰（1677—1745），西林覺羅氏，滿洲鑲藍旗人，清帝國官員。為雍正皇帝的心腹，擔任雲貴總督期間積極推行改土歸流，設官府、駐軍隊以鞏固邊疆。

郎境內。特別是石達開率領的粵軍分離派經過夜郎境內、進軍巴蜀以後，夜郎的政治生態在這次刺激下發生了巨大的改變。事實上，這次戰爭也是湖湘尼亞、贛尼士蘭和諸夏各國士紳階級從滿洲人手裡重新奪回自己的政治權利的關鍵。因為滿洲人的軍隊現在已經不足以單獨打敗粵軍了，所以只有依靠當地士紳自己的民兵。夜郎各地的酋長和士紳也是抓住這個機會，根據滿洲帝國鼓勵和准許他們各自辦理團練的機會，組織起自己的武裝部隊。在湘軍和滿軍撤退以後，夜郎地方士紳取得了類似曾國藩和湖南地主資產階級所取得的權力，他們可以跟後來的清帝國官府分庭抗禮了。在甲午戰爭以後，夜郎的士紳階級

大漢貴州軍政府的短暫成立　一九一一年十一月七日，諮議局改為貴州立法院，擬定《貴州憲法大綱》，指出貴州「國憲制度定為共和政體（採取美、法、德、瑞四國）」。作為省一級的獨立國家，目前處於「中華民國大聯邦」管轄之下。但該政府幾個月後實際上被雲南軍事家唐繼堯以軍事政變的方式所接管。（圖左起：大漢貴州軍政府行政總理／周素園、大漢貴州軍政府巡防總統／黃澤霖、大漢貴州軍政府都督／楊藎誠）

和商人又成功地把自己的子弟送到日本去留學，以他們為骨幹，組織了本地的新軍。最後這支新軍在辛亥獨立戰爭當中配合蜀、滇的獨立軍，奪回了夜郎的獨立。

他們不僅僅是恢復了夜郎的獨立，更加重要的是，他們創立了夜郎歷史上第一個西化的地主資產階級政權，以議會制的形式建立了自己的民族國家。當然，他們的議會制跟蜀、滇的議會制一樣，也是拉美式的。這樣的議會制非常脆弱，禁不住軍事政變。但即使是政變產生出來的軍閥，也不敢公然違背議會制的原則，而且他們也不太需要踐踏議會制的原則。事實上，政變勝利的軍事領袖要透過議會改選獲得一個有利於自己的多數是相當容易的。因為在失敗當中被趕走的那些軍事領袖的支持者在未來的選舉中必然是不太敢出來投票的，所以他們不需要用後來國民黨和共產黨那種列寧主義的手段摧毀當地的社會生態，就能達到目的。

但是，夜郎畢竟是小邦，跟滇、蜀這樣的大國不一樣，他們暫時獲得的自由不可避免地要捲入當時的國際糾紛當中。在諸夏各邦共同反滿的時代，剛剛獨立的夜郎政府派出了它的都督楊藎誠[21]，率領他大部分的軍隊前往武昌，援助諸夏各邦的共同領袖和湖湘尼亞

21 楊藎誠（1880—1922），清末民初軍事家，貴州辛亥革命的領導人之一。早年曾於日本留學，並於留學期間加入中國同

的大都督黎元洪。但是在楊蓋誠走後，夜郎國內也發生了拉美各國在獨立以後經常發生的那種保守派和激進派的矛盾。激進派企圖將哥老會（袍哥會）和下層社會引入上層政治鬥爭，引起了上層地主和資產階級的不滿。上層地主和資產階級中的保守派於是向滇軍求援，蔡鍔派唐繼堯支持他們，在貴陽發動了政變。而老都督楊蓋誠在政治上是比較偏向新派和激進派的，他從荊楚湖湘回國的時候發現，當他不在的時候國內已經發生了政變，因此很不滿意，就向黎元洪和譚延闓求援，準備依靠楚湘兩國的軍隊打一場內戰。

雙方眼看就要開打的時候，諸夏聯盟名義上的總統袁世凱出面調停。派出代表調停以後，建議雙方各自保持現狀。從這個建議就可以看出所謂的中華民國真正的政治性質。如果中華民國是像袁世凱本人所希望的那樣是一個國家的話，那他當然可以直接把有關各方的官職都撤掉，派出自己的代表，但是他只能調停。這就像是一九九六年中國和台灣發生衝突[22]的時候，美國總統柯林頓只有說，既然雙方都想改變現狀，都對對方改變現狀的方式不滿意，美國人就出來調停一下，要求雙方都不要改變現狀，然後我們就可以過太平日子，大家繼續做生意了。袁世凱對夜郎的政策也是這樣的。他要求，夜郎交戰雙方保持克制，以免因為夜郎的緣故引起滇楚之間更大的戰爭，使剛剛建立起來的聯盟土崩瓦解。雙方算是給他面子，同意罷兵言和。維新派一方的軍隊最後加入了湘軍，保守派一方的軍隊實際上控制了夜郎，但名義上還是給激進派留下了席位。同時，保守派同意把蔡鍔派來支持他們的唐繼堯的滇軍調回雲南。

當然，袁世凱經過這一次刺激和日後很多次的刺激，痛苦地發現，他只不過是東亞國際聯盟的一個名譽主席而已。他真正能夠統治的範圍還是最古老的中國，就是從寶雞西安開始、到淄博為止的那個殷商後期就已經確定了的中國。鮮卑帝國解體時，朱溫統治的中國也只有那麼大，袁世凱真正統治的中國也只有那麼大。其他國家名義上是他的聯盟成員，實際上經常是他的敵國。這時他就企圖像美洲的墨西哥皇帝伊圖爾維德（Agustín de Iturbide）[23]一樣，覺得西班牙的國王退位以後事情處處不好辦，我要是想把美洲統一起

盟會，與同盟會成員尹昌衡、唐繼堯等人組織團體，從事反清革命活動。一九一一年十月，武昌起義爆發，楊藎誠率領陸軍學生、新軍士兵於貴陽響應革命起義，並且在大漢貴州軍政府成立後擔任都督。一九一五年，護國戰爭爆發，楊藎誠協議孫文發動起義，討伐袁世凱。

22 一九九六年中華民國實施總統直選，中國認為這是「台獨」行為，進而實施一系列大規模的飛彈試射與軍事演習，藉此嚇阻台灣；美國也派出獨立號與尼米茲號兩艘航空母艦前往台灣海峽與西太平洋巡防，引起國際關注，被稱為台灣海峽飛彈危機。

23 即阿古斯汀一世（Agustín I，1783年—1824年），早年指揮西班牙殖民軍鎮壓由比森特．格雷羅（Vicente Guerrero，1782年—1831年）所領導的起義軍，兩人在談判中達成共識，宣布「伊瓜拉計劃」，宣布墨西哥獨立，採君主立憲制。1822年墨西哥第一帝國成立，阿古斯汀一世成為墨西哥皇帝。

來，至少把新墨西哥副王領地統一起來，唯一的辦法就是我自己稱帝。但是事與願違，稱帝的結果就是，本來就暗中反對他的各邦，例如像中美聯合省、現在的哥斯大黎加、瓜地馬拉這些國家，在他稱帝以後更加名正言順地反對他，把原先只是出於政治理由反對他的激進派和自由派都拉到獨立派一邊，使他垮台的速度比原來更快；袁世凱的情況也是這樣的。這個事實就說明，在帝國解體以後，各邦當中即使是像伊圖爾維德和袁世凱這樣最強的、能夠控制最核心省份的強人，都沒有辦法把西班牙帝國和滿洲帝國過去統一的各邦重新統一起來，分裂解體是不可避免的趨勢。袁世凱垮台以後，段祺瑞和吳佩孚企圖重走袁世凱的老路，也相繼失敗了。

夜郎今後的問題就不是被滿洲帝國或者中國統治的問題了，而是：第一，國內的激進派和保守派的糾紛如何解決；第二，在國際關係上，在滇蜀爭奪霸權的過程中它到底會站在哪一邊。由於在夜郎內部的政治鬥爭當中，保守派整體來說相對於激進派是占上風的，在最初的幾次軍事政變當中，保守派（無論是劉顯世[24]還是袁祖銘[25]，都屬於保守派陣營）基本上打敗了激進派，而保守派在外交上主要依靠滇軍的支持，因此夜郎在外交上也就選擇跟帝國主義的滇人聯合在一起。滇國在唐繼堯執政時期表現出強烈的帝國主義傾向，一面北上，試圖在巴蜀建立自己的傀儡政權，一面東下，試圖在南粵建立自己的傀儡政權。因為擴張過度而戰略方向不穩的緣故，結果使他在兩線都遭到失敗。滇的地緣政治形勢有點像法國，它到底該向萊茵河方向發展還是向大西洋方向發展，是說不定的。如果唐繼堯完全放棄廣州方面，全心全意經略巴蜀，說不定他已經把上江聯盟[26]給鞏固了；如果他肯放棄巴蜀，全心全意經略廣州，說不定廣州的護法軍政府就是滇軍的一個傀儡了；但是他兩面都想要，兩頭分兵，結果最後搞到兩頭落空。滇人在唐繼堯政權結束以後，在顧品珍[27]和龍雲[28]的統治之下吸取教訓，在外交政策上選擇孤立主義。夜郎的保守派政權

24 劉顯世（1870—1927），清末民初軍事將領，黔軍領導人之一。一九一三年二次革命爆發，劉顯世支持袁世凱，擔任貴州護軍使，成為貴州實際的統治者。在一九一七年開始的護法戰爭中，劉顯世所代表的「舊派」與王文華的「新派」產生對立，舊派在鬥爭中失勢，許多幹部被新派軍人所殺，劉顯世也被迫下台。

25 袁祖銘（1889—1927），清末民初軍事將領，黔軍領導人之一。在一九一五年爆發的護國戰爭期間，袁祖銘加入王文華的護國軍，和北洋政府進行戰鬥，但日後兩人立場逐漸對立，王文華最後於一九二一年遭袁祖銘派人暗殺。劉顯世、王文華相繼下台後，袁祖銘率軍占領貴陽，自稱黔軍總司令，但日後在和滇軍、川軍的戰爭中逐漸失勢，最後僅能投靠廣州國民政府，卻又因受到排斥和猜忌，最終被湘軍指揮官唐生智派人暗殺。

26 唐繼堯是一個「大雲南主義者」、「滇帝國主義者」，主張由雲南人征服上江（長江上游）諸國，建立一個由雲南主導的大一統國家，滇軍正是在他的領導下積極地對周圍地區侵略擴張。一九一七年，唐繼堯被推舉為滇川黔靖國聯軍總司令，成為上江（三國）聯盟的領袖。

27 顧品珍（1883—1922），清末民初軍事將領，滇軍領導人之一。早年曾赴日本留學，歸國後加入中國同盟會並投入革命活動，於一九一五年爆發的護國戰爭期間追隨軍事將領蔡鍔，並於一九二一年發動推翻唐繼堯的兵變，被推派為滇軍總

主要是依靠雲南帝國主義者的支持，在雲南帝國主義者反對巴蜀和反對南粵的戰爭當中，都是作為小夥伴加入滇軍一方的。然後在它的主要保護者滇軍轉向孤立主義以後，夜郎的保守派也就無法維持了；這是小國的內政經常受外交驅使的一個證明。

夜郎游擊隊：前仆後繼的夜郎獨立運動

滇人轉向孤立主義、不再干涉外邦事務以後，夜郎的保守派政權也就隨之倒台，長期受到壓制的激進派在周西成[29]的領導之下控制了夜郎的政權。在他的統治之下，夜郎的新政府重用了一大批從日本回國的留學生，再加上這時候已經是第一次世界大戰以後，日本政友會正在推行透過財政擴張主義大搞地方建設的政策，所以周西成的夜郎政府以創建興業銀行、修建道路和發展實業為主要重點。單純從建設的角度來講，周西成統治時期，夜郎的經濟形勢無疑是最好的。但是好景不長，問題不是出在夜郎本身，而是出在國際形勢方面。蔣介石在蘇聯的支持之下破壞了諸夏各邦的權力平衡，把已經獲得獨立的南粵陳炯明勢力打下去以後，又進一步打敗了孫傳芳的五省聯盟，在南京建立了他的列寧主義政府。他的下一步目標就是把魔爪伸入湖湘、桂尼士蘭和夜郎。周西成開始準備透過外交手腕委婉地拒絕他。名義上，根據民主原則，我們並不反對國民黨在夜郎設立黨部，但是你設立的黨部必須是符合自由資產階級原則的傳統型政黨，不能是列寧主義式的祕密政黨。

其實，列寧化以前的國民黨本身是一個幫會式的政黨。它的大部分黨員都在夏威夷和馬來西亞。在南粵和上海，可以說它是一個強而有力的反對黨，但在諸夏大部分邦國，特別是在夜郎和晉國這樣比較偏遠的地方，國民黨是沒有任何勢力的，連一個黨員都沒有。第一位建立國民黨夜郎支部的黨員，就是打入國民黨黨內的共產黨員，他的名字叫周逸群[30]。他在夜郎發揮的作用，就相當於李大釗在北京發揮的作用。如果對於南粵人和上海

司令。隔年，在與唐繼堯所率領的軍隊戰鬥的過程中，被支持唐繼堯的雲南土匪吳學顯等人射殺身亡。

28 龍雲（1884—1962），族名為「納吉鳥梯」、「納吉岬岬」。民國初期的滇軍將領，亦是實際統治西南的軍閥，號稱「雲南王」。曾任雲南省主席、軍事參議院院長，中華人民共和國成立後，擔任中央人民政府委員、國防委員會副主席等職。

29 周西成（1893—1929），清末民初軍事將領，黔軍領導人之一。一九一一年加入貴州新軍，開始軍旅生涯，一九二六年擔任貴州督辦兼貴州省長、黔軍後備軍總司令，掌握貴州省的統治權；曾於一九二七年征伐龍雲失利，並於一九二九年戰死。

30 周逸群（1896—1931），中國工農紅軍高級將領、湘鄂西紅軍創始人之一。早年曾留學日本，一九二四年入黃埔軍校第二期，並於同年加入中國共產黨。一九二七年參與領導武裝反抗中國國民黨的南昌起義，隔年前往湖北、湖南，開拓湘鄂邊蘇區，並創立洪湖赤衛隊。一九三一年遭國民政府軍隊伏擊身亡。

人來說，國民黨和共產黨還有一點區別，那麼國民黨就只是小資產階級激進派，共產黨才是無產階級革命家，對於夜郎人和晉人來說，國民黨和共產黨根本就沒有什麼區別。夜郎原先是既沒有國民黨又沒有共產黨的。國民黨的黨支部就是共產黨黨員周逸群為蔣介石所建立起來的。國民黨和共產黨沒有任何區別，國民黨只是共產黨的一個白手套而已。

周西成無論是對國民黨還是共產黨，都是極其不滿意的。他最初甚至還威脅企圖建立黨部、掛著國民黨招牌的共產黨人。他說：「我們夜郎現在最需要的就是建設，而不是革命。你們的世界革命跟我們沒有關係，我們只想閉關自守，把本地的建設搞好。你們如果不聽話的話，我會不惜用武力來打擊你們。」但是問題在於，夜郎是一個弱小的國家，而蔣介石，更不要說蔣介石背後的史達林，擁有強大的軍事力量。直接鎮壓他們是不智的，這就像是沒有哪一個黎巴嫩總統敢鎮壓真主黨[31]。真主黨不難鎮壓，問題在於真主黨背後有敘利亞和伊朗。所以他不敢真的把他自己的承諾付諸實施，而是透過柔性的方式處理：國民黨可以建立黨部，但不能是周逸群最初建立的那個列寧主義式的黨部，你必須建立開放政黨，誰想加入國民黨都可以加入國民黨。例如，國民黨黨部剛建立以後，周西成就要求貴州師範大學的師生紛紛加入國民黨。

他們一加入進去，原先的列寧主義者在國民黨黨部中就變成絕對少數。這樣一個國民黨變得跟過去的舊國民黨和進步黨沒有什麼區別，使蔣介石無可奈何。蔣介石最後派出了張道藩[32]。大家現在熟悉張道藩大概是因為蔣碧微[33]的緣故，張道藩是徐悲鴻的情敵，蔣碧薇的後一任丈夫。他為國民黨效勞，主要就是要求，希望國民黨能夠效法蘇聯，建立一套以作家協會為中心的文藝統治體制。蔣介石派張道藩到貴陽去改組被周西成摻了沙子的黨部，而周西成就乾脆把他們抓起來，驅逐出境。在周西成摻過沙子以後，貴陽的所謂國民黨黨部選出的國民黨代表會議，包括了滿洲帝國時期的秀才和舉人，包括了地方上有影響力的地主士紳和主要的商會領袖，舊國會時期的國會議員、進步黨人和舊國民黨也都包括在內。新國民黨的列寧主義者在這個國民黨代表會議當中又處在絕對被壓迫的少數地位。

蔣介石看到，按照這樣的外交手腕玩下去的話，他是一百年也吃不下夜郎的，於是索

31 伊朗於一九八二年資助成立的什葉派伊斯蘭政治和軍事組織，成立宗旨是消滅以色列、把西方勢力趕出黎巴嫩，今天已是黎巴嫩主要的反對派合法政黨，但由於該黨仍從事武裝活動，所以被美國、英國、歐盟等國家或組織視為恐怖組織。

32 張道藩（1897—1968），中華民國立法院長、美術教育者。曾以公費留學歐洲，一九二六年加入中國國民黨，為國民政府進行政治與文化宣傳。隨國民政府遷台後，擔任國民黨重要黨職，並與陳紀瀅、王藍等人成立中國文藝協會，推廣「反共文學」和「戰鬥文藝」。

33 蔣碧微（1899—1978），中華民國作家，出生自宜興望族，早年愛慕畫家徐悲鴻，曾隨他先後旅居日本、法國，並且在巴黎結識美術家張道藩。抗日戰爭結束後，與徐悲鴻離婚並隨張道藩遷居台灣。

性撕下和平演變的假面具，直接派兵進攻夜郎。周西成親自率領夜郎的子弟兵抵抗國民黨的侵略部隊，最後在前線英勇犧牲了。就憑他的英勇犧牲，未來的夜郎愛國者也有一切理由把他發明為夜郎的民族英雄；他是一個當之無愧的民族英雄。他犧牲以後，國民黨軍隊成功地入侵夜郎，瓦解了夜郎地主資產階級和軍閥的統治。周西成在夜郎建設的事業也就自然而然地付諸東流了。國民黨廢除了夜郎原先已經很有成效的興業銀行和各銀行，依靠這些銀行的金融和信貸支持的夜郎商業資產階級也就紛紛破產了。國民黨在夜郎禁止滇幣和蜀幣這些跟黃金、白銀和外匯直接掛鉤、信用因此比較好的貨幣，把所有的黃金和白銀收歸國有，只准在當地使用國民黨的法幣。透過這種方式，把夜郎的黃金、白銀和能夠自由兌換的硬通貨全都收歸南京政府所有。同時，用它的國有壟斷企業，把夜郎本地的地主資產階級所建立的實業紛紛擠垮。這樣一來，夜郎本地的軍隊也就自然喪失了戰鬥力。因此，當毛澤東和朱德率領紅軍經過夜郎的時候，他們已經不能像在周西成時代一樣有效地抵抗紅軍了。蔣介石其實根本也不想認真剿匪，而是想利用紅軍經過的機會，把滇、蜀兩國也納入自己的直接統治之下。在這方面，他終於達到目的了。唇亡齒寒的結果是，滇軍的孤立主義也因為夜郎的滅亡而無法繼續維持下去了。

中國殖民者在得到列寧主義加持以後，強化了在夜郎的統治力度。他們修了大量的戰略公路和戰略鐵路，建立了一些軍工企業。但這些軍工企業都是為南京和重慶的國民政府服務的。對夜郎本地來說不但沒有好處，反而增加了負擔，增加當地人民很多勞役。國民黨的國有企業擠垮了當地的自由經濟，使夜郎人民更加貧窮。國民黨為了無限期地籌款，不僅大大增加了田賦，而且還在食鹽和其他必需品的壟斷上下了功夫。由於夜郎是一個不產鹽的地方，食鹽壟斷非常有效地導致夜郎社會整體貧困化。但即使是這樣，可以說國民黨的網還沒有做到最密，還給小地主和小生意人留下了一點活

中共「解放貴陽」　一九四九年貴陽解放的另外一面也可以說是夜郎再次淪陷，若從夜郎自身的角度去解釋這個歷史事件，則可看出鄧小平在西南的殖民主義統治。劉仲敬指出，夜郎從GDP的角度看非常貧窮，這是因為其連接東南亞的國際貿易被國家社會主義壓制的結果。然而夜郎產生土豪的能力無論是從歷史上的土司來看，還是從二十世紀的實驗來看，都非常強大。（左圖：1949年11月19日《人民日報》刊發《我軍解放貴陽》的報導。右圖：少數民族向人民解放軍獻旗的宣傳照片。）

路。等到國民黨垮台、鄧小平親自率領著黃俄部隊入侵夜郎的時候，就連這一點活路也沒有了。鄧小平透過所謂的土改和所謂的公私合營，把像茅台酒廠這類的夜郎民族企業全部搶劫一空，把地方上稍微有一點錢和有一點文化的人都打成地主和反動分子。對於山地夜郎人的土司和封建領主，以及對共產黨還抱有一定幻想的地方賢達人士，他們採取了更陰險的手段。

儘管所有的共產黨都是要殺光當地的精英人士的，但是鄧小平個人的陰險在所有共產黨犯罪分子當中是首屈一指的，而且他不是第一次、也不是最後一次用這種手段了。他以重用、參加政協會議和搞統戰的名義將夜郎各地的精英人物統統引誘到貴陽來。如果不是因為這樣的許諾，很多人很可能會待在自己的山寨裡或者待在自己的民兵當中，可能不會來的，其中包括以前擔任過國會議員、縣長以上的所有的官，受過大學教育的知識分子，以及重要的土司頭目。在把他們誘到夜郎首都以後，再把他們一網打盡，全部作為反動分子和鎮反運動的對象消滅掉了。他不是第一次用這個作法，也不是最後一次用。文革結束以後，他對付那些為他在粉碎四人幫、打倒江青和毛派的過程中立下汗馬功勞的公安局頭目們也是這樣的，藉口派他們到雲南去旅遊，然後等他們到了雲南以後，在當地把他們一網打盡[34]。雖然別的共產黨人殺起人來不見得比他殺得少，但是用這種陰險和欺騙的手段，可以說是鄧小平個人的一絕了。

當然，夜郎人民即使在失去了自己的天然領袖以後也沒有屈服。他們在各地紛紛發動叛亂，討伐鄧小平和他的軍隊。《鄧小平西南工作文集》可以說是鄧小平和中國殖民主義者的一部罪證錄。在這場戰爭中，夜郎游擊隊的處境比西藏游擊隊更加艱苦，因為他們獲得西方援助的可能性更小，但他們仍然英勇地戰鬥，而且使用了比西藏游擊隊更加艱辛和迂迴的手段來爭取西方的支持。他們在武器供給被中國侵略者封鎖的危急情況下，派出他們一部分的人員，假裝活不下去了，願意投誠共軍，加入共軍在朝鮮的戰場，為共軍作炮灰。當時共軍一方面正需要炮灰，另一方面它把投降的國民黨軍隊和湖湘尼亞山地部落的軍隊都派到朝鮮戰場上去消耗美國人。用這種方式，要麼打死美國人，對它很有利；要麼讓他們被美國人打死，也除去了自己的心腹大患。所以共產黨不疑有他，就把這支游擊隊

34 參見《楊尚昆日記啟封》，一九八八年八月五日於該日記稱：「又和耀邦見了一面，耀邦說，小平是過河拆橋式的人，你要當心。同時，耀邦又向我透露了一件大事，說這是他最見不得人的事件，不說出來對不起自己的良心。八〇年四月，我們當時以清理『三種人』為理由，將北京市公安部門二十四名科級到處級的幹部騙到雲南大理祕密槍決，當時還派了王震去現場觀看。我問，為啥子祕密槍決他們，他們犯了啥子罪？耀邦說，他們當時掌握了我和小平是七六年四五事件幕後指揮的證據。」

派到了朝鮮戰場。

然後，這支游擊隊一到了朝鮮戰場就立刻向美軍投誠，在戰俘營裡面向美國軍官請求美國軍隊出兵援助夜郎的愛國者。這支軍隊的領袖，照美國在朝鮮戰爭中檔案材料的記載，他的名字叫李華國[35]。未來的夜郎愛國者一定要記住他的名字。美國方面經過研究以後覺得，夜郎過於偏遠，而且戰略意義不大，所以，儘管他們空投了一批武器給西藏的愛國者，讓他們跟共軍作戰，但是卻沒有給夜郎愛國者提供武器資助。但他們願意保護這些用這種迂回手段、從夜郎一路跑到朝鮮來投靠美國軍隊的愛國者，保護他們免遭戰俘營裡面的共產恐怖分子和地下組織的威脅。這些地下組織，眾所周知，想把戰俘營裡面的戰俘全都綁架回中國，回到中國以後再把他們打成叛變投敵的反革命分子。

夜郎愛國者的鬥爭一直持續到五〇年代末，這當然是由於夜郎的封建結構和地形的緣故。中國侵略者能夠在夜郎、滇、蜀各國屠殺當地的愛國者，並不是因為他們有任何能力，主要是因為在五〇年代的時候他們自己是黃俄，是蘇聯的衛星國，史達林出於顛覆全世界資產階級政權的需要，願意扶植他們，用大批二戰時期的武器援助他們，還給他們建立了二戰時期工業水準的軍火工業。這些軍火工業，黃俄一直吃到現在。就在這兩天[36]，黃俄派去圍繞台灣、企圖威脅台灣愛國者的那些飛機，也就是所謂的轟－6，還是蘇聯在五〇年代援助他們的軍火工業。這幾十年過去了，只要蘇聯人走了以後，他們就再也搞不出任何能夠飛得上天的新東西了。但是在一九五〇年代，蘇聯的二戰裝備相對於夜郎、滇、蜀的愛國者來說至少仍是很有殺傷力的。這些地方的愛國者，他們的軍官一般是在日本接受軍事教育，接受的是普法戰爭以後、第一次世界大戰以前的歐洲軍事教育，使用的是第一次世界大戰以前的武器。面對黃俄軍隊使用的第二次世界大戰級別的蘇聯武器，他們當然只能打游擊戰，而且是不可能勝利的。

但是，中國侵略者才剛剛平息他們的游擊戰爭，自己也就跟蘇聯鬧翻了。失去蘇聯的援助以後，他們的軍事工業也就每況越下，控制的能力也相應地每況越下。所以，中國殖民主義者真正控制夜郎的時間比明帝國殖民者朱元璋的子孫真正控制夜郎的時間還要短，也就只有十幾年。正像明帝國設置的軍戶和強制移民紛紛逃散一樣，在失去蘇聯爸爸的支持以後，中國殖民主義者在夜郎建立的那些國有企業和軍事機構也是一天不如一天了。他們甚至沒有等到一九七八年，早在文革後期，列寧主義系統在夜郎的控制力已經只限於大

35 參見周傑榮（Jeremy Brown）、畢克偉（Paul G.Pickowicz）編，姚昱等譯，《勝利的困境：中華人民共和國的最初歲月》第五章〈從反共到抗美：一九五〇至一九五一年中國西南地區的內戰與朝鮮戰爭〉。

36 二〇一八年四月，解放軍繞台灣巡航。

城市的一部分了。原先雖然被鎮壓、但是還沒有被完全殺絕的那些舊精英，借助文革造成的混亂，自己開始形成各式各樣的戰鬥隊伍。雖然武器裝備還很低劣，但是無疑已經自成系統。夜郎全境遍布了諸如此類的武裝組織。它們有些名義上還在喊毛主席萬歲，但實際上真正的目的已經是在跟敵對派別爭權，爭奪從軍工企業和匪軍搶奪下來的武器，爭奪糧食和重要物資，準備自己占山為王了。

最後在七〇年代後期，這些類似黑社會的組織也自己開始經商辦企業，不管共產黨在政策上同不同意，這其實也不是夜郎一地的特點。文革後期實際上是後來所謂鄉鎮企業的萌芽期。之所以能夠萌芽，就是因為文革打爛了列寧主義的控制體系。所以，快要餓死的人民不管共產黨同不同意，都按照自發秩序，自發地產生出資本主義，自己開始做生意、做小企業。雖然技術水準極度低劣，但畢竟還是可以稱之為資本主義萌芽。這樣的資本主義萌芽所形成的一些土豪，跟文革時期的那些戰鬥隊員相結合，實際上已經嚴重地削弱了共產黨對地方的控制。正是在這種情況下，重新掌握政權的列寧主義復辟老幹部集團才不得不放棄在鄧小平主持之下重新恢復劉少奇時期陳雲式計劃經濟的企圖。他們之所以放棄這個企圖，並不是因為他們不想（鄧小平重新出山，首先想做的就是這件事），而是因為在沒有蘇聯爸爸支援的情況下，他們已經做不到這件事情了。

可以這麼說，私營企業的發展分散了夜郎民間精英的精力，所以使他們不至於直接把他們的精力和能量用於反對共產黨的統治，但是也形成了所謂改革開放的官民二元結構。這個官民二元結構絕不像某些天真的知識分子想像的那樣，是按照國有企業和私有企業劃分的。我們都知道，很多名義上的私有企業，包括這次被美國人逮住的華為、中興，他們就是匪軍派出去的匪諜。他們自己作為私營企業家的程度，跟潘漢年和霍英東作為私營企業家的程度是一樣的。他們就是匪諜的白手套而已。反過來，在表面上的國有企業內部，其實有些部分是成建制地從國民黨或者從地方勢力那裡接管下來的，他們反倒是反動勢力的一個集結點。至於民間從文革後期事實上就開始產生的這些自發組織，有些被官方劃分為黑社會，有些被劃分為民營企業，其實無論名字叫什麼，他們做的事情都是沒有多大區別的。在秩序紊亂的情況下，所謂的民營企業如果沒有能打的大哥罩住的話，你根本做不成生意，而黑社會要養活他自己的小弟，也是非做生意不可。兩者之間唯一的不同就是，如果你得罪了當地的公安局局長，你就可能被說成是黑社會，即使你相對於其他的類似組織來說其實還算是比較白的；或者反過來，你跟當地的公安局局長關係比較好，即使你比其他的競爭對手黑得多，你仍然是民營企業家。

夜郎本來就是列寧主義體制特別薄弱的地方，幾十年下來，今天的夜郎就出現了我剛才描繪的那種局面。一方面，在列寧主義的殘酷剝削之下，路有凍死骨，也只有在夜郎這樣的地方才會發現新生嬰兒被扔在垃圾桶裡面的慘狀；另一方面，在體制外用自己的土槍保衛自己、根本不把公安局放在眼裡的準黑社會組織，其實內部隱藏著很多只是沒有受過高級理論薰陶的夜郎愛國者。將來，在列寧主義體制不可避免地按照它自身的宿命走向衰亡的過程當中，這些人必然會像他們現在已經開始做的那樣，跟滇、蜀、桂的黑市商人和走私商人合作，跟越南和緬甸的走私商人合作，走私進口越南大米或者是其他各種物資，逐步地建立起自己的勢力網路。未來的夜郎必然是他們跟列寧主義勢力殘餘爭天下的局面。在未來的洪水來臨以後，諸夏各國都將會面臨自己的考驗——自己能不能夠產生出足夠的精英人物，驅逐列寧主義的殘餘。儘管夜郎從ＧＤＰ（國內生產毛額）的角度來講是相當貧困的地方，但組織不是看ＧＤＰ的，而是看自己產生土豪的能力。夜郎產生土豪的能力在黃俄殖民者統治的東亞各邦當中是可以排在前幾名的，至少是可以排在前十名以內的，所以他們將來是注定會有所作為的。就讓我們拭目以待吧，好戲才剛剛開始。

滇族國家篇

「仲通不許，囚其使，進兵逼大和城，為南詔所敗。」

——後晉，張昭、賈緯等，《舊唐書．南詔蠻》

四、東南亞的中流砥柱

滇：與古代日本系出同源？

我們今天講滇國的歷史。滇、蜀、緬三個政治實體在種族和文化上有非常密切的關係，這跟史前時代整個東亞和東南亞的文明結構有關。所以，在介紹這三個密切相關的邦國的歷史之前，我要先在讀者的大腦中繪製一張文明地圖。這張文明地圖的時間大概是在距今三千五百年到距今四千年以前。在這個時間，西亞的文明已經連成一整片，地中海沿岸也已經至少是零星地出現了文明，由比較密集的南部沿岸到比較稀疏的波羅的海沿岸，波斯灣和太平洋沿岸也已經出現了文明，但是整個東亞大陸還處在一片黑暗的狀態。

這時的人種結構大致上可以劃分為四個區，用他們的四種不同的建築結構來簡單粗暴地劃分就是：第一區是最大的，也是時間最早的一個區，就是今天東南亞各民族的祖先。他們住的是考古學術語稱之為「干欄」[1]的竹質木樓，分布範圍從馬達加斯加一直到太平洋各島。西南方向，從馬達加斯加和錫蘭島開始，向東北延伸到下緬甸，然後延伸到嘉陵江和長江一線，直到峽區，接著沿著洞庭湖向東延伸，一直延伸到錢塘江，最後再向東，把日本、台灣和太平洋各島全部籠罩在內。這個區域就是上古的東南亞地區，它的特點就是，它的居民是以住竹質木樓為主要住所。第二個區域是上古的內亞區域，從上緬甸延伸到今天的滇、蜀，然後在咸陽和寶雞之間，向北延伸到鄂爾多斯，再跨過黃河，把今天三晉的大部分地區都包括在內，然後沿著太行山向北走，在蔚縣一帶進入蒙古高原，然後大致上沿著大興安嶺向北，這一線以西、以北，就是最古老的內亞。在馬車產生以後，這裡變成了文明的樞紐，滇、蜀、緬甸最古老的統治者的種族都來自於這個區域。第三個區域是上古時期的東北亞，也就是環渤海圈的區域，包括今天泰山以東的山東省、膠東半島、遼東半島、整個滿洲，以及拒馬河以北的燕山山麓一帶。在興隆窪文化[2]、夏家店文化[3]的時代，燕山山地的文化大致上是興隆窪文化的一個旁支。這個文化囊括了膠東半島、遼東半島和朝鮮半島，但是在上古時代並沒有到達日本。最後，在中間剩下來的一部分，從咸陽到淄博、從拒馬河到荊山這一塊地方，就是最古老的殷周兩國建國的地方，這是最古老的東亞，是上古意義的東亞或者中國。

我們要注意，我剛才雖然把上古時代——距今三千五百年到四千年以前的遠東劃分為上述四個區，但是上述四個區並不是完全對等的。用更加簡化的方式，可以把它劃分為內亞區和東南亞區。如果按照這種二分法的話，那麼我剛才說的東南亞區仍然是東南亞區，我剛才說的內亞區、東北亞區和東亞中國區全都屬於內亞區。那麼這三個內亞區有什麼不同呢？我剛才說的那個狹義的內亞區是始終保存了和西亞的交通孔道的，它跟伊朗地區的文明、印度河地區的文明一直是不分家的；但是東北亞地區的交通就更加不便利了，需要多經過一道轉手；而中國地區基本上就是純粹的被殖民區了。

從建築的結構來看，東南亞區普遍地使用竹木質的樓房，內亞區普遍是石頭房子和

1 即干欄式建築，又稱高腳屋，盛行於東南亞、馬達加斯加、台灣、中國的西南省分等地，通常用木頭、竹子構成屋梁，並將樓板墊高，具有避免淹水、防止蟲蛇等功能。

2 距今約七千五百至八千年，新石器時代文化類型，主要分布在東北亞的內蒙古自治區、遼寧省的草原地區，出土文物中含石器、骨器與陶器等。

3 前二十世紀至前十四世紀的東北亞重要的古文化之一，位於內蒙古赤峰地區，與黃河流域的古文化並立，並且受到西部內亞草原文化的強烈影響。依年代早晚又可分為夏家店上、下層文化，是燕亳、孤竹、令支、薊、肅慎等古族共有的本土文化。

石頭墳墓。這個你一看就非常熟悉，因為敘利亞、兩河流域和埃及普遍都是這種搞法。他們在進入了沖積平原和三角洲地區之後，即使當地缺乏石塊，他們仍像是氐蜀系的民族進入成都平原以後那樣，還是會千辛萬苦地從高地取石頭來。在他們的社會生態裡，石匠和建築師占據了相當重要的地位。第二個區域，東北亞區，比較重要的房子和防禦工事多半是用石頭建的，但是不太重要的地方就用硬土、捶實的土所做成的土牆來替代。從這種建築結構就可以看出，他們是內亞區的一個退化。第三個區就是東亞和中國區，那就是很明顯的，跟剛果河地區的非洲部落一樣，是典型的被殖民者，通常也就是住在地洞裡面，地洞上面用木頭杆子搭起一個茅草棚。駕著戰車的殷商先民征服的也就是這批最早的中國土著，也就是半坡村和二里頭的居民，所以殷商對待他們非常殘酷。古代傳下來的后母戊方鼎[4]或者其他什

后母戊方鼎　出土於河南安陽，是商王祖庚或祖甲為了祭祀其母婦姘所鑄的青銅方鼎。方鼎的造型、紋飾均有很高的水準，堪稱商代青銅器文化的代表作品。

麼鼎，其實就是殷人做飯用的鍋，而這些鍋裡面，考古學家經常還會發現煮熟的人頭。由此可見，殷人作為駕駛戰車、接受了部分西亞文化的殖民者，對中國當地的土著就是把他們當作野獸一樣對待的，吃他們的肉就跟別的獵人吃捕獲的野獸的肉是一樣的。

廣大的東南亞區包括了今天的日本和台灣在內，但是進入中古以後，日本就必須重新劃入東北亞區了。日本最早的繩紋文化[5]跟東南亞的良渚文化[6]、河姆渡文化[7]之類的百越文化在風格上是非常相似的，至少從陶器看來是非常相似的。古墳時代[8]以後，很明顯地，他們出現了內亞式的巨大墳墓和石質建築，同時相應地在日本的神話傳說中也出現了

4 出土於河南安陽，是商朝王室用來祭祀的青銅方鼎。「母戊」是商王武丁妻妾婦姘的廟號，該鼎可能是祖庚或祖甲為了祭祀母親而鑄造。

5 指日本舊石器時代末期至新石器時代，以使用繩紋陶器為特徵。生產活動以狩獵、捕魚、採集為主，並有原始農耕活動；出土的代表性文物為「土偶」，一般認為土偶是女性形象，和生殖、富裕生活有關，或是用作宗教祭祀的對象。

6 新石器時代文化，距今約五千三百年至四千年前，分布於長江下游環太湖地區，特色是使用玉器與隨葬，對古代吳越文化有深遠影響。

7 新石器時代文化，距今約六千至七千年前，分布於浙江省杭州灣南岸平原地區到舟山群島一帶，遺址出土大量干欄式建築遺跡，以及石器、陶器等，影響了後來的良渚文化、古代吳越文化。

8 始自二五〇年，迄於七一〇年，因當時的統治者大量興建「古墳」而得名。古墳是一種巨大的穴式土堆，四周以壕溝圍起來，呈「前方後圓」，古墳裡有許多珠寶、銅鏡等陪葬品，以及殉葬用的陶器；主要分布在日本本州島的南部。

《古事記》[9]，以天皇為代表的天孫民族從高天原降落到大國主神居住的土地上，征服了大國主神，使大國主神苦苦哀求，要求饒命。這個神話表現的曲折歷史，很明顯就是東北亞人從滿洲和朝鮮半島入侵了日本西部。繩紋文化的考古記錄從日本西部向東部和北部不斷退縮。最後等到傳說時代結束，崇神天皇[10]以後，日本的世系開始固定以後，後來的日本就像諾曼征服以後的英格蘭一樣，不再有新的征服者進入，封建文化處在長期穩定的狀態，結果日本形成了一種獨特的東北亞和東南亞混合的結構；而吳越和東南亞的大部分文明體系和邦國並沒有經歷過類似的混合。

後來有很多吳越愛國者強調他們的文明跟日本是同種的，這句話有正確的地方，也有不正確的地方。是有同種的一面，也就是說，底色來講的話，東南亞太平洋基本上是一家。日本神社那種驅邪和清潔的觀念，人類學家一眼就可以看出是玻里尼西亞和太平洋群島所共有的，只是在日本發展得特別精緻而已。但是另一方面他們又有一個誤會，就是說，他們心目中的日本實際上是天皇統治產生以後、進入正史時代的日本。統治這個日本的貴族實際上是深受東北亞文化薰陶的，至少在高級文化上是東北亞一系的。如果說吳越人跟日本哪一系比較接近的話，那麼可以說，上古的吳越人跟日本統治階級所征服的蝦夷人[11]是一系的。後來日本人像是撒克遜人被諾曼人征服、從而引進了西北歐更加先進的封建制度一樣，建立了天皇和貴族的封建制度，原先的土著居民和蝦夷人就漸漸被吸收了。吳越先民跟日本相同的部分，是蝦夷和繩紋文化這一部分，而不是古墳時代以後的貴族文化這一部分。

同時，在東南亞文化的西端，如果我們用緬甸的分類法把緬甸分為上緬甸和下緬甸[12]的話，那麼我們也可以把昆明湖以西、以北的這一部分，說是頸部的滇國，稱之為上滇，而把東部和南部那些散落的、比較破碎的地帶稱為下滇。那麼上滇、上緬甸和氐蜀一樣，是內亞征服者沿著橫斷山脈南下、跟原有的東南亞居民混合的產物。在混合的過程中，他們也產生了類似日本式的封建式化學反應，透過貴族文化和平民文化之間的落差，形成了特殊的封建結構。這就是為什麼位於東南亞西部邊緣的滇國跟位於東南亞東北部邊緣、東

9 日本最早的史書，七一二年由朝廷文官太安萬侶編撰而成並獻給元明天皇，目的是為了強化統治者的正當性，並建立日本的宇宙觀。全書以漢文寫成，可分為「本辭」與「帝紀」兩個項目，包含歷代口述相傳的故事。

10 日本第十代天皇，《古事記》、《日本書紀》均有記載，是目前最早可考證的天皇。

11 古代倭國對居住在日本東北地區的居民的稱呼。

12 上緬甸位於今緬甸的中部、北部地區，包含曼德勒及其周邊地區（位於今曼德勒省、實皆省和馬圭省），廣義來說還包括克欽邦與撣邦；下緬甸則位於今緬甸的南部地區，包括伊洛瓦底江三角洲（位於今伊洛瓦底省、勃固省和仰光省）和沿海地區（若開邦、孟邦和德林達依省）。一八五二年第二次英緬戰爭之後，下緬甸先被大英帝國占領，成為「英屬緬甸」，上緬甸則在貢榜王朝的統治下繼續保持獨立，直到一八八五年第三次英緬戰爭之後才成為大英帝國的殖民地。

北亞極東邊緣的日本在文明上有很多相似之處的原因。近代的日本學者為了尋找最接近於日本人種和日本古代重要家畜品種的DNA證據，考察了整個亞洲大陸。他們本來以為，從器物交流的角度來講，吳越顯然是最多的，其次是膠東半島。但是結果卻意外地發現，居然是滇國境內的很多地方從DNA的角度來講跟日本人的某些品系和日本動物的某些品系最為接近[13]。

當然，封建主義本身就是一個保存基因庫的機制。滇國的封建結構使當地的人口保持了長期的延續性，基本上只有進入，而沒有滅絕。至於蜀國呢，只有山地才具備這樣的特點。成都平原儘管擁有幾千萬人口，占據了蜀國人口的絕大部分，卻是不斷發生人口更替的地方。日本在這一方面跟滇國是相似的。上古時代，它最初的居民是東南亞的，然後有東北亞的渡來人[14]源源不絕地滲入日本，然後在蘇我氏這些貴族的保護之下形成了自己單獨的封建集團。例如，一個姓、一個部往往就是某一個渡來人集團，一個單獨的氏族掌握某一種從東亞大陸來的技術。等到日本的《天皇記》[15]和《古事記》完成、日本的封建制度基本成型以後，這些渡來人集團自動就變成日本貴族的一支，變成日本封建制度的一部分。其實這個結構跟諾曼第人或者布列塔尼人透過封建主義結構將不同種族鑲嵌式地容納進來的方式是差不多的，這正是古代滇國形成的方式。可以這麼說，古代滇國的文明系統很像是一個位於東亞大陸的日本。

它跟日本的不同是在中古以後才開始的。中古以後的變化主要是因為，滇國處在東亞大陸的樞紐上，掌握著橫斷山這個內亞文化通向東南亞文化的一夫當關、萬夫莫敵的緊要關口上，所以它無法像是在海上的英格蘭和日本那樣長期維持自己的純粹性。英國在歐洲的特殊性和日本在亞洲的特殊性都是因為，對於英國是在諾曼征服以後，對日本來說是在最後一次朝鮮半島的東北亞渡來人來臨以後，就保持了長期的孤立，然後它的封建結構又使原先在上古時代遺留下來的各個種族集團和文化集團以封建方式相互嵌套，形成了獨特的張力，而歐亞大陸的其他地方都沒有這樣的鑲嵌式發展的條件。滇國恰好就處在內亞和東南亞的核心要道上，所以它並沒有這樣的條件。

最古老的滇國，內亞系和百越系的區別仍然是很明顯的。內亞系的居民在只有考古記錄的上古時代源源不斷地沿著橫斷山谷南下，一部分就形成了最古老的蜀國，一部分繼續

13 參見鳥越憲三郎，《倭族之源：雲南》，雲南人民出版社，1985。

14 古代倭國對來自中國、朝鮮等亞洲海外移民的稱呼，他們將農耕、製陶、建築等高等技術傳入日本，改變了日本人的社會與生活型態。

15 由第三十一代用明天皇的二子聖德太子所編撰的史書。

南下，形成了最古老的滇國。同時，在蜀國滅亡以後，蜀國貴族和遺民也紛紛南下，在廣袤的滇西北建立了自己的據點。所以《史記》和《漢書》都認為，他們跟被秦人征服的古蜀是同種的。但是，他們並不是古滇的全部。張騫在這裡探路的時候就發現，他們跟百越系居民、跟與百濮和百蠻分享很多文化共同點的滇越居民[16]的文化習俗不一樣。滇越居民跟夜郎和百濮居民一樣，也是銅鼓文化的分支。銅鼓文化是來自泰國東北部、向南北兩翼傳播的東南亞文化的一支，在他們的生活方式當中很少有草原和牲畜這一項，而滇系和昆明系的居民則有大量的畜群。儘管滇國境內並沒有像蒙古高原那樣的大草原，但是小片的草地是有的。他們有大量的牲畜，酋長和頭目習慣用牛和馬作為財富標誌。這跟百越系的居民用銅鼓作為財富和

殺人祭柱場面貯貝器　貯貝器是東南亞文化圈特有的一種貯放貝幣的青銅器。圖為出土於晉甯縣石寨山的「殺人祭柱場面貯貝器」，現藏於雲南省博物館。關於器蓋上的鑄刻，學界推測可能是祭祀儀式，而中央立柱可能是信仰圖騰。考古發現該器物時，器內盛有貝幣。

聲望的標誌是不一樣的。在漢帝國中期，這兩系居民還沒有真正融合在一起。

後來的烏蠻和白蠻[17]的差異，在很大程度上就是內亞系和百越系兩系居民的差異。烏蠻和白蠻兩者之間的不同，很可能像近代黑彝和白彝[18]兩系的不同一樣，反映了兩者在封建制度中的不同地位。但是他們之間的關係並不是簡單的領主－附庸或者領主－農奴之間的關係。事實上，他們自身都是完整的血緣族群，只是在族群和族群之間，由於政治德性的不同，武力的不同，外交政策的不同，形成了各種複雜的保護和被保護、聯盟和聯姻的關係。圍繞著這些關係，隨著水草、繼承權和其他物資之間的分配，又形成了多重的財產權。

16《史記．大宛列傳》：「然聞其西可千餘里有乘象國，名曰滇越，而蜀賈姦出物者或至焉，於是漢以求大夏道始通滇國。」

17 方國瑜，〈關於「烏蠻」，「白蠻」的解釋〉，《雲南白族的起源和形成論文集》，昆明，雲南人民出版社，1957。

18 朱文旭，〈涼山彝族黑彝和白彝等級分化問題〉，《畢節學院學報．綜合版》，2013（1）頁28—32。

南詔國與大理國

漢武帝作為一個帝國主義者，企圖征服這塊地方。後來諸葛亮南征，試圖維護的也是這塊地方。但當然，他們建立的實際上只是孤立的殖民據點，在這些殖民據點周圍，仍然是過去滇人、昆明人和百越各部落的領主和酋長所控制的地區。一旦漢室的權力衰微，這些人就會武裝起來，組成類似法國公益同盟[19]那樣的封建主聯盟，企圖推翻漢室的統治。漢室的統治在比較好的時候也只是獲得了一些部落時斷時續的進貢，在比較差的時候就只剩下一座孤城了。諸葛亮南征就是試圖重新打通交通線，同時利用他的國家社會主義經濟學，將南中[20]出產的金砂和其他物資充實他的戰爭金庫，以便實現他反攻中原的政治目的。

諸葛亮南征時期，他面臨著的南中大姓，如雍闓、孟獲之類，其實他們並不是真的姓雍或者姓孟。例如，「孟獲」這個詞很可能不是一個人名，而是一個勇士的稱號[21]，比較像後來滿洲人講的「巴

滇王之印　滇國原為獨立於諸夏的王國，直到前一〇九年才被漢帝國征服。漢武帝降滇國為益州郡，並封滇國國王為滇王，賜予滇王之印。不過，雖然滇國降漢，但實際上漢帝國對滇國的控制極為有限，滇國諸部的領主和酋長仍掌握實權，處於半獨立的狀態。

圖魯」[22]之類的稱號。孟獲顯然是有另外一個名字的，只不過中國殖民者弄不清楚他真正的名字，同時又按照他們原先以漢字為速記符號的那種簡化的習慣，對無論什麼蠻族居民的酋長都盡可能把他們弄成兩個字或者三個字的漢名，於是這些人的名字就變成了雍闓或者孟獲，讓人們以為他是姓雍或者姓孟。

這些大族的領袖一面跟安南和東吳搞外交活動，一面對抗蜀漢的軍事勢力。最後諸葛亮撤退時，從他們那裡得到了一大批貢品。但是有沒有獲得他們真實的臣服，那就只能看諸葛亮的一面之詞了，因為沒有對手那一方面的證據。現在傳下來的口傳民歌、民謠，像荷馬史詩之類的記載，跟諸葛亮方面的記載完全不同[23]。它把孟獲和他的戰友們描寫為高尚勇敢的封建武士，把諸葛亮描寫成狡猾和怯懦的帝國主義者，是依靠欺騙的手段獲得了

19 為了反對法王路易十一的中央集權，以勃艮第公爵「大膽查理」為首的法國貴族們於一四六五年組成同盟，並與法王爆發戰爭，最後雙方簽訂《孔夫郎條約》，同盟也隨之解散。
20 三國時期古地名，範圍涵蓋今日四川省大渡河以南，以及雲南、貴州兩省。中世紀時，南詔國、大理國在此地區立國。
21 東南亞泰（傣）族的基層社區稱為「蒙」（muang），即村社聯合體，首領稱蒙主（chao muang）（格蘭特・埃文斯，《老撾史》，東方出版中心2011年版，第4頁）。「孟獲」可能是古代泰族社會對「蒙」中長老或勇士（khun）等人物的稱呼。
22 滿洲傳統封號，有「英雄」、「勇士」之意，清帝國以此封號賞賜有戰功之人。
23 劉傑，〈西南少數民族民間文學與漢族史料中的孟獲形象摭談〉，《文學教育》，2019年第7期，頁134—135。

名義上的勝利，根本就沒有贏得南中各部落真正的忠誠。事實上，這場戰爭在雙方的文化中留下的印記也是，以官僚帝國為一方，崇尚詭詐，以封建武士為一方，崇尚勇武，這兩種文化之間發生了長期的衝突。

封建主義者的聯盟之所以在幾百年的時間內都沒有把漢帝國留下的最後據點鏟平，這跟公益同盟沒有把路易十一在巴黎的據點鏟平是同一個道理。封建體系是多中心化的，他們在乎的是各自的領地，這些領地和他們的貿易路線是他們的生命線。只要這些領地安全，各封建領主互不從屬，很難達成一致的行動。所以，儘管他們因為分散的緣故而很難被別人征服，卻也因為分散的緣故而很難征服別人。但是，帝國的官僚體系基本上是一個逆淘汰和負篩選的機制。孤懸在海外，終歸是難以長期維持的。在永嘉之亂以後，隨著高地的蜀人以氐人的名義在李特和六郡貴族（指秦、雍二州的略陽、天水等六郡的貴族）的領導之下重新征服巴蜀低地，繼承了漢魏帝國的晉帝國在滇國境內的據點終於變成了斷線風箏，他們最後的補給線也中斷了。他們在李毅和李釗父子[24]的支持下堅持了很短的一段時間之後就陷落了，封建的諸滇在中古時期重新贏得了自己的獨立。

諸滇一旦贏得了獨立，東南亞的黃金時代就來臨了。中國帝國主義者在滇國的殖民主義切斷了內亞和東南亞的交通線，迫使這些交通線繞到比橫斷山更西、更南的山谷裡，不只增加了交易的成本，也延緩了東南亞各部族建立文明國家的步伐。而晉帝國一旦撤出滇國，這條交通線又重新暢通了。暢通的結果就是，相對於晉帝國和繼承它的建康諸帝國——宋、齊、梁、陳，中南半島出現了一系列的扶南[25]、日南之類的文明國家。這些文明國家一方面利用印度輸入的婆羅門的高級文化來組織自己的上層體系，一方面利用滇人為他們開闢的交通線吸取內亞的馬匹和其他物資，把自己的物產輸入到當時最繁榮、文明最先進的外伊朗地區，從而建立了一系列新的文明國家。可以這麼說，滇國作為東南亞萬邦之母和中流砥柱的地位，從這個時期開始就已經牢固地確立了。只要滇國獲得自由，那麼東南亞各邦就會自由和繁榮；只要滇國受到中國侵略者的打擊，那麼東南亞的生命線也就岌岌可危。

這時的滇國仍然是封建早期的歐洲那種各大領主，像日爾曼系的各大領主和拉丁系的

24 李毅（？—306），西晉官員，曾任雲南太守、寧州刺史，曾多次幫助朝廷平亂，但最終病死於三〇六年的寧州之圍。李釗，李毅之子，生卒年不詳。李毅過世時，李釗正從洛陽趕往寧州，三〇七年，奉令管理寧州事務。

25 東南亞的一個印度化古國，存立期間約在一世紀至六世紀之間，統治中心位於湄公河三角洲一帶。三世紀中葉，東吳帝國曾派員訪問扶南並留下文獻記載。從考古遺址中出土的羅馬、印度、中國商品，足見扶南曾經是一個強大的貿易政權。

各大領主並列，他們當中可能會選出像聖路易[26]或者懺悔者愛德華[27]那樣比較德高望重的領袖，但這些領袖對他們的約束力也只是象徵性和禮儀性的，就像齊桓公和晉文公那樣，而非強制性的。如果沒有遭到中國侵略者的刺激，這種體系本來可以一直維持下去。後來建立南詔的六詔貴族[28]，如果喪失了封建文化階級本能的中國士大夫還能夠記得孔子和他的學生的真正文化的話，立刻就會從他們身上看出晉國六卿[29]的影子。這才是孔子在周禮身上發現並企圖保存的真正的封建文化。但是後來的儒家士大夫跟封建文化脫離已久，自己已經淪為帝國的官僚，依靠訓練官僚的技術為自己的生命線，已經喪失了對封建文化的切身理解，反而把符合孔子文化特徵的內亞人、東南亞人和日本人看作是蠻夷，完全不顧他們才是更接近於孔子時代封建領主體系和封建文化保存者的歷史事實。從他們留下的記錄內容上來看，跟三家分晉以前的晉人和齊人是差不多的，而已經習慣大一統官僚主義的儒家士大夫卻不認識這些祖先了。

鮮卑人像以前的殷人、周人和秦人在征服中國的初期那樣，還沒有忘記他們在內亞的封建主義和部族主義的祖先的文化。他們像英國人在印度、滿洲人在蘇州一樣，把郡縣制和大一統帝國看成是羅馬統治下的埃及行省，是一種奴性極強的半殖民地的特殊風俗。羅馬人在他們征服的大部分地方，或者是封原有的蠻族國王做附屬國的國王，或者是像在希臘城邦、馬賽或者羅德島這些地方那樣承認原有的城邦結構，或者是把原有的部族扶植培養成希臘式的民主共和城邦。只有在長期習慣於專制統治的埃及，他們發現這些人沒有辦法自治，就只有按照殖民地的方式統治了，把埃及作為自己的行省。英國人也是這樣的，在加拿大和澳大利亞，他們當然繼續推行英國傳統的自治模式；只有在印度大概三分之一的地方，順民文化非常濃厚的地方，他們才實行行省制度。滿洲人也是這樣的，他們在蒙古和內亞繼續實行封建制度，只有在明帝國原有統治的十八省才實行行省制度。

中古時期的鮮卑人和其他內亞征服者也是像他們以前、以後和以外的其他封建主義征

26 路易九世（Louis IX，1214—1270），法國卡佩王朝國王，於一二九七年被天主教會封為聖人。在其任內推動多項司法改革，包含減少使用酷刑、私下決鬥等，並擔任仲裁人以解決領主之間的糾紛。

27 懺悔者愛德華（Saint Edward the Confessor，1003—1066），英國盎格魯—撒克遜王朝君主，因為信仰虔誠，於一一六一年被教會封為聖人。

28 七世紀初，在今雲南洱海地區的六個大型部落，稱為「六詔」，即蒙巂詔、越析詔、浪穹詔、邆賧詔、施浪詔和蒙舍詔。

29 春秋時代由晉文公所建立的政治軍事制度，設有中、上、下三軍，每軍分別各設一名將、一名佐，中軍將的位階最高，其次是中軍佐，再來是上軍將，依此類推；晉國的軍事與政治皆由他們所主持。到了晉平公在位時，六卿被趙氏、韓氏、魏氏、智氏、范氏、中行氏六家壟斷，所以後來的六卿是指這六個卿家。最後，趙氏、韓氏、魏氏三家分晉，被視為春秋時代的結束、戰國時代的開端。

服者一樣，在他們自己原有的老家繼續實行部族聯盟制度和封建制度，在內亞也實行這樣的制度；只有在無可救藥的順民化的東亞或者說是中國境內才實行郡縣制度，用儒家士大夫的官僚體制來統治這些地方。最初這些君主也像是金章宗[30]以前的金國皇帝和雍正以前的清帝國皇帝一樣，認為自己是內亞人，在東亞的身分是征服者，非常鄙視只能用郡縣制統治、充滿奴性的東亞居民。但進入晚期以後，這些腐化的君主就像是乾隆皇帝以後的滿洲君主、金章宗以後的金國君主一樣，他們自身被士大夫階級腐化了。他們開始覺得，在奴隸和順民當中，他們一方面能夠得到更多的錢，另一方面能夠得到更加服服帖帖的侍候；而在原來的部落貴族當中，他們就得不到這樣的尊重和服從。

亞歷山大在征服了波斯和印度以後，也一度出於同樣的理由，想過東方專制君主的好日子，想要一夫多妻，娶東方貴族的女兒洛葛仙妮娜，讓波斯貴族和印度貴族服侍自己，把原有的馬其頓貴族和希臘城邦踢到一邊去。然後他周圍的馬其頓貴族和希臘城邦就發動了類似清君側一樣的兵諫，迫使亞歷山大從印度撤軍。在亞歷山大死後，還殺掉了他的東方妻子洛葛仙妮娜，瓜分了他的帝國。而英國貴族則在艾德蒙·伯克的領導之下，強迫這些波斯化和印度化的英國征服者——華倫·黑斯廷斯[31]和他的繼承者撤回英國受審，不允許英國人在印度腐化下去。而東亞窪地的內亞征服者因為遠離文明中心的緣故，經常沒有馬其頓人和英國人這樣的經歷，而是順著自己天生的腐化趨勢就這樣腐化下去，把原先經常可以犯顏直諫、跟皇帝作對的部落酋長加以疏遠、驅逐或者消滅掉，把生殺予奪完全由皇帝予取予奪的東亞士大夫階級和郡縣制順民扶起來，然後他自己就漸漸變成了東亞人，接下來就會像是東亞的費拉君主一樣軟弱無能，最後就是新一批的內亞征服者順著他祖先的舊路再一次地征服他。

中古時代的鮮卑征服者也是這樣的。他們最初是內亞人，在這一時期，他們跟蜀地的內亞商團和滇國的封建領主相處得很好。他們像統治夜郎的康熙皇帝一樣，覺得這些地方的封建體制跟他們在內亞老家的封建體制更相似，比他們鄙視的郡縣制居民更好一些，準備要來保護這些體系。但是唐太宗和武則天以後的鮮卑君主也就像是乾隆皇帝以後的滿洲君主一樣腐化了，他們手下的大臣也習慣了郡縣制統治之下奴顏婢膝的順民和沒有反抗能力的文官士大夫，感到掌握武力的封建領主對他們的統治來說是一個障礙，希望所有人都變成郡縣制居民。這時，他就像是鄂爾泰和乾隆皇帝那樣，開始企圖改土歸流，推翻各地

30 金章宗完顏璟（1168—1208），金帝國第六位皇帝，雖然在位期間重視文化發展，使金帝國的文化達到顛峰，但同時也因為疏於朝政，導致國力、軍事日漸衰退，屬國紛紛離異、蒙古帝國也得以趁勢崛起。

31 華倫・黑斯廷斯（Warren Hastings，1732—1818），英國殖民地官員，於一七七三至一七八五年擔任第一任印度總督。

原先被他們的祖先尊重和保留的封建自治體系了。

因此，鮮卑帝國在征服武陵王蕭紀並獲得蜀地以後，長期以來跟蜀地的內亞商團和高地領主維持著和諧共處的關係，然而在武則天和唐玄宗以後就開始在蜀地推行改土歸流。首先在蜀地推行，然後又企圖收復他們在諸葛亮時代曾經名義上征服過的滇國。這時，像晉人六卿那樣只維持鬆散聯繫的滇國封建領主發現，在中國侵略者的軍事壓力之下，他們不團結起來不行了，於是就把他們的封建自由體制升級成為南詔國的絕對君主制體制。南詔國的產生和後來唐繼堯政權的產生，理由基本上是相同的，都是在北方殖民政權的壓力之下迫使本國的封建自由進一步絕對主義化。絕對主義化的結果是，由於滇國去封建未遠，他們的士兵仍然具有封建貴族的戰鬥力，而唐帝國早已廢除了封建制度，他們的士兵跟武裝的難民沒有什麼不同，結果就發生了鮮于仲通[32]的一系列慘敗，小小的滇國輕而易舉地征服了唐帝國主義的大軍。

而且最後因為國際秩序是平衡的，勝利者不可避免地要濫用自己的勝利，把勝利的邊界推向更遠的地方，南詔人的勝利很快就轉化為南詔人對劍南節度使和安南節度使肆無忌憚的進攻。他們的進攻最終摧毀了鮮卑帝國對東亞和東南亞的統治，導致了原先屬於東南亞的各國在各地軍閥的領導之下重新從中國帝國主義者的統治下解放出來，這就是中國史書記載的五代十國。五代十國的真正動力並不在於五代十國本身，而在於強大的南詔國，所謂「唐亡於黃巢，而禍基於桂林」[33]。滇國一方面在宋、齊、梁、陳時代培養了東南亞的各個文明國家，一方面又在鮮卑帝國瓦解之後使曾經被中國征服的東南亞北部的南粵、湖湘這些國家重新獲得了獨立，第一次證明了它自己作為東南亞萬邦之母和中流砥柱的核心地位。滇人的帝國主義是針對著中國帝國主義的應激性反應[34]，所以等到中國帝國主義解體、東南亞各邦普遍獲得獨立以後，滇人也就自然而然地從帝國主義轉向了孤立主義。原先在帝國主義時代遭受壓制的封建貴族，透過大理取代南詔的政變，奪回了自己的權力。

大理國是一個幕藩體制的文明國家，跟中古時期鎌倉幕府時代的日本非常相似。大理段氏自稱他們的祖先來自內亞，說是來自武威[35]，這個家譜當然不一定正確，但也從側面

32 鮮于仲通（693—755），唐帝國官員，曾於七五一年率兵攻打南詔但兵敗而歸。

33 《新唐書·列傳第一百四十七·南蠻中》：「有國者知戒西北之虞，而不知患生於無備。漢亡於董卓，而兵兆於冀州；唐亡於黃巢，而禍基於桂林。《易》之意深矣！」

34 指在新陳代謝的基礎上，生物體對外界刺激能產生一定程度的反應。

35 《段氏世家》、《南詔野史》記載：「段氏，武威郡姑臧人也，祖上段儉魏為閣羅鳳將，佐南詔大蒙國，唐天寶中大敗唐兵，功升清平官，賜名忠國，拜相，六傳而生思平。」

反映了滇國的很多貴族都是沿著橫斷山脈南下的內亞人，就像法蘭西的很多貴族是越過萊茵河的日爾曼人。神話式的歷史反映的是神話式的真實，而不是考據意義上的真實。也就是說，如果有些人說他們的祖先來自洪洞大槐樹[36]，這並不是說他們真是從洪洞大槐樹下出發的，但可以認為他們確實是從王保保所保護的晉國封建領地引進來的。這些封建領地上並非全都是洪洞人，但是他們為了簡化自己的敘述，就用洪洞大槐樹作為共同的起源了；而段氏這個武威的起源，意義也是差不多的。

段氏和封建各貴族廢除了南詔國——也就是推翻了絕對君主制以後，新的段氏家族作為封建貴族之首，當然不可能恢復滇國第一個帝國主義時代那種絕對君主式的權力，而是只能發揮作為各路封建貴族盟友的作用。這就是為什麼政權很快就轉入高氏幕府[37]手中的緣故。高氏幕府和段氏君主之間的關係，就像是鎌倉武家和京都朝廷之間的關係。儘管大部分的政務是由高氏所處理，但是憲法上的泉源仍然是京都和段氏。高氏雖然掌握了所有的權力，但絕對不像是中國的僭主曹操和司馬懿那樣，一旦掌握了實際政權，就要把賦予他們合法性泉源的前任皇帝給廢掉，把所有的權力都抓到自己的手裡，然後自己又被後來的僭主推翻；而像是尊重合法性的日本封建武士一樣，自己擔任總理大臣和幕府將軍的同時，把立憲君主和封建君主的權利和榮譽繼續留給賦予他們合法性的段家和天皇。

等到蒙古人沿著橫斷山谷的舊路南下、企圖滅亡大理的時候，高家像鎌倉幕府在同一批蒙古征服者的面前保護天皇那樣堅定不移地為天皇而死，作為段家忠臣義士的他們也為段家而死，這使習慣東亞士大夫奴顏婢膝的忽必烈感嘆不已。儘管蒙古人取得了軍事上的勝利，卻還是恢復了段家原有的權力，繼續容許段氏和蒙古帝國的雲南行省建立兩個平行體系。在這個平行體系之下，屬於蒙古帝國的雲南行省，實際上是蒙古人從內亞重新輸入的一批新的貴族跟組成滇國烏蠻的那些舊內亞貴族所形成的新的重疊結構。這些貴族包括咸陽王賽典赤[38]的後裔，也就是後來鄭和那一族的祖先，以及許多馬可波羅時代的波斯貴族和蒙古貴族。由於他們自己也是封建體系，因此在跟蒙古人保存下來的以段氏為首的那批舊滇國的封建體系之間，雖然有矛盾，但這個矛盾是法國貴族和德國貴族在中世紀的那

36 位於山西省洪洞縣。明初，洪洞大槐樹成為當時重要的移民基地。今日，在河北、河南、山東等地仍流傳著一句民諺：「問我老家在何處，山西洪洞大槐樹。」大槐樹之所以成為移民的記憶，反過來說明在明初戰亂和屠殺中，中原一帶的人口幾乎滅絕，故明帝國政權穩定後，需要從山西這個曾屬於蒙古人勢力範圍、因而保留了大量人口的地區進行移民。

37 指一〇八〇年至一〇九六年間，白蠻領袖高昇泰雖非君主，卻能獨攬大理國大權，並且介入皇位繼承。作者以日本天皇、幕府的關係來比喻大理國段氏（君）、高氏（臣）之間的關係。

38 賽典赤·贍思丁（1211—1279），又名烏馬兒，元帝國色目籍大臣。他的先祖是伊斯蘭教先知穆罕默德，「賽典赤」乃成吉思汗所賦予的稱呼，為阿拉伯語「偉大的聖裔」之意。曾隨成吉思汗西征花剌子模，並親率千騎迎戰；忽必烈在位期間，賽典赤出仕雲南，在當地大興水利、推動農業與交通發展，去世後被忽必烈追封為咸陽王。

種矛盾，誰都不能夠絕對占上風。

東南亞萬邦之母

直到朱元璋和他的無產階級革命軍隊在驅逐蒙古殖民者、重新對東南亞北部的各邦推行再殖民化的時候，滇國的獨立才受到了嚴重的威脅。滇國自古以來就是東南亞各國當中最有戰鬥力的成員，也是輸入內亞文化的主要橋梁，他們吸取的內亞技術和內亞武士是東南亞各國當中最多的，因此在朱元璋的中國殖民軍重新企圖將郡縣制推廣到東南亞北部各國的時候，滇國進行的抵抗也是最頑強的。殘酷的中國侵略者在傅友德[39]、沐英[40]等人的率領之下入侵滇國時，對滇人的封建文化恨之入骨，進行了破壞性的焦土政策。而蒙古人，無論是進攻滇國的時候還是滅亡宋帝國和東亞其他地方的時候，都沒有進行類似的屠殺。他們雖然消滅了他們的對手，屠殺了一批抵抗的城邑和敵人，但是臨安在蒙古征服者的手中卻被完整地保留下來了。

中國殖民者在自己占上風的時候，對內亞和東南亞的封建邦國採取了極其野蠻的破壞政策。鄭和之所以會被割掉生殖器，也是因為他的家族原先就是蒙古貴族的一部分，在中國殖民者入侵滇國的時候也進行了殊死抵抗[41]。相反地，忽必烈和蒙古人對於向他們投降的人非常鄙視，對於抵抗他們的高家、段家和宋帝國都非常地尊重，一般都是保存了他們的生命，至少還會留給他們一個象徵性的地位，有的時候甚至還會讓他們保有實權。雙方在慷慨和殘酷之間的鮮明對比，也就是封建文化和專制文化的對比。可以這麼說，滇人和蒙古人體現了法蘭西封建貴族的高尚情操，而中國殖民者則像土耳其蘇丹一樣殘酷。這個殘酷不僅僅是個人的問題。雖然朱元璋和張獻忠都是品格極其卑劣的人，但是品格卑劣的人能夠勝出，本身就是專制主義僭主政治體系的結果；而品格高尚的人、像聖路易這樣的人能夠當領導，恰好就是封建主義崇尚勇武和高尚的結果。

當然，中國殖民者並不能夠征服滇國全境，他們沒有這樣的力量。他們只是征服了滇

39 傅友德（1327—1394），明帝國將領，早年加入劉福通的紅巾軍，後率眾歸於朱元璋，除了參加北伐元軍的戰爭，還西征甘肅、平定雲南，被封為潁國公。不過，日後卻因遭到朱元璋的猜忌，被迫自殺身亡。

40 沐英（1346—1392），明帝國將領，朱元璋養子，被封為西平侯。曾隨軍南征福建、西討吐蕃，並且隨傅友德、藍玉等將領攻伐雲南。

41 據說，鄭和祖父當過雲南行省平章，父親為世襲的滇陽侯。洪武十三年（一三八一年）冬，鄭和十歲時，明軍進攻雲南，鄭和的父親遇害，鄭和被明軍副統帥藍玉掠走至當時的明帝國首都南京。他被宮刑而成為宦官之後，分配予燕王朱棣。

國的核心地帶，建立了雲南行省，滇國的大部分領主仍然在他們的勢力範圍之外。明帝國在第一次征服以後，很快就面臨了滇國封建領主的反覆抵抗，必須進行第二次、第三次和第四次戰爭。這一系列的戰爭刺激了滇國邊緣地帶的封建領主，把他們自己分散的聯盟改組為比較集中的王國。從思任法[42]開始的這一系列的封建國家王國化的企圖，造就了日後的緬甸、寮國和清邁。也就是說，近代東南亞和中古時期的東南亞一樣，也是大不列顛或者說是滇國的產物。中古時期的滇國對中國殖民者的抵抗造就了扶南、日南諸王國，近代的滇國對中國殖民者的抵抗造就了緬甸、暹羅、寮國諸王國。近代的滇國雖然無法像中古時代的滇國那樣重新解放湖湘、南粵等東南亞北部的國家，但它至少保護了東南亞南部的國家，所以近代的滇國仍然無愧於東南亞萬邦之母和中流砥柱的地位。

明帝國在張獻忠的暴虐當中結束了，滿洲帝國的入侵暫時使滇國的封建體系獲得了一個小陽春。但是隨著滿洲帝國的東亞化，鄂爾泰、雍正皇帝和乾隆皇帝的改土歸流，標誌了滿人開始放棄自己的內亞身分，向東亞的專制帝國轉化，因此滇國的封建領主又面臨了新的考驗。在這一時期，由蒙古征服者從內亞輸入的穆斯林教團發揮了新一代內亞秩序經手人和輸入者的重要作用。從賽典赤家族與鄭和的經歷就可以看出，近世的穆斯林內亞社團在很大程度上接替了拜火教教團和波斯人在中古早期所發揮的那些作用，起到了在內亞和東南亞之間傳輸文明的作用。鄭和的海上冒險活動，於公是為了滿足中國皇帝和殖民者爭權奪利的虛榮心，於私則是穆斯林團體在東南亞傳教和傳播貿易的一次行動。東亞的穆斯林團體能夠戰勝印度教的帝國，跟鄭和遠征軍對麻喏巴歇帝國[43]的打擊和對馬六甲穆斯林王國的扶持是有極為密切的關係的。可以這麼說，以明帝國為代表的中國殖民帝國由於自身官僚體系的低能，實際上無法完成輸入內亞技術的作用，因此明帝國早期非常依賴穆斯林商人，而明帝國晚期又非常依賴耶穌會，這兩者的作用都是把明帝國自身無法承擔的技術生產任務改由外界輸入。明成祖對鄭和的任用和正德皇帝對穆斯林商團的任用，除了他個人的貪婪和虛榮以外，也與因為東亞沒有辦法獲得先進技術、所以需要內亞和南洋的穆斯林商人為他提供協助的必要性有關。

當然，穆斯林商團的組織在這個過程當中也利用明帝國達到了自己的目的，達到了使

42 思任法（？—1445），孟卯思氏王朝第八代君主。孟卯是位於雲南西部、緬甸北部的一個傣族政權，元帝國、明帝國下轄的一個土司。思任法繼位之初曾努力改善和明帝國的關係，但隨著不斷擴張領地、征服周邊土司，進而引起明帝國的不滿並派兵討伐。雖然思任法兩次擊敗明軍，但最終仍於一四四一年大敗。

43 十三世紀東爪哇的一個印度教王國，位於今日泗水的西南方，《元史》稱作「麻喏巴歇」，《明史》則稱作「滿者伯夷」。一二九三至一五〇〇年期間，該王國曾統治婆羅洲、蘇門答臘、峇里島和馬來半島南部地區。

東南亞伊斯蘭化的目的。在這個過程當中，滇國的伊斯蘭團體發揮了相當重要的作用，他們的地位一直是在不斷上升的。這就是為什麼在滿洲帝國東亞化以後試圖在滇國推行郡縣化的過程當中，以杜文秀[44]為代表的穆斯林商團一度充當了滇國各地封建領主的領袖。杜文秀的國家雖然自稱為蘇丹國，但是現有的歷史證據顯示，他並沒有企圖使其他信仰佛教的滇國領主改信伊斯蘭教，而是試圖保護他們，共同反抗滿洲帝國所代表的郡縣制統治。這就說明了，支援杜文秀的穆斯林團體非常清楚他們自己在滇國封建體系當中的地位。就像段氏並不是為了自身的利益、而是為了保護滇國各封建聯盟的共同利益而出兵一樣，他不能夠強制或者脅迫其他非伊斯蘭的滇國土司和領主服從他，而是為了整個土司和領主集體的利益，為了保護他們才抵抗清軍的。他不是一個伊斯蘭化的代理人，而是滇國各封建領主和封建貴族階級共同的階級代理人。

這時，杜文秀時期的滿洲帝國已經是強弩之末了，它無論是憑藉自己的力量還是郡縣化士大夫階級的力量，都無法重新征服滇國，所以它只能依靠岑毓英[45]率領的軍隊。而岑毓英率領的軍隊進入滇國以後，雖然殘酷地屠殺了杜文秀和很多擁護平南蘇丹國的滇國領主，但是他們自身也就像是忽必烈所率領的蒙古貴族和穆斯林貴族一樣，嵌入了滇國的封建體系，他們自己也變成了滇國領主的一部分。岑氏家族後來在滇國脫離滿洲帝國的過程當中也發揮了很大的作用。從滇人的角度來看，這些人跟上古時代、中古時代和近代從內亞進入滇地的其他封建貴族一樣，是在原有的封建貴族體系之上增加了一撥新的封建貴族。像印度人認為拉傑普特的白匈奴貴族是印度種姓制度新加入的一部分一樣，他們也變成了滇人的一部分，而且是滇人當中比較有戰鬥力的一部分。在滿洲帝國解體的過程當中，近代化的滇人領主和滇人資產階級攜手作戰，驅逐了滿漢官僚，重新恢復了滇國的獨立，並推舉蔡鍔將軍擔任他們的都督。

蔡鍔將軍自己是湖湘尼亞人，而不是滇人。他之所以能夠獲得滇國軍官和資產階級士司的一致擁護，主要是因為他在日本留學期間吸收了日本明治維新的文化精華，試圖將明治維新所代表的先進文化傳播到東南亞各邦，包括他自己的祖國湖湘和他擔任教官的桂尼士蘭[46]

44 杜文秀（1823—1872），雲南回變領袖。出生自雲南一個富裕的回族商人家庭，因當地回漢衝突頻繁，再加上他認為朝廷官吏貪贓枉法，遂於一八五六年發起雲南回變，號召回族穆斯林武裝起義。起初勢如破竹，幾乎占據整個雲南，但卻在與朝廷將領岑毓英的對抗中失利，最後退守大理；一八七二年起義被清軍所平定。

45 岑毓英（1829—1889），清帝國政治、軍事人物。其家族本是壯族勞寨土司，卻因清帝國的改土歸流政策而家道沒落。在一八五六年的雲南回變中跟隨廣西團練前往雲南剿匪，並與杜文秀領導的的回族武裝活動交戰。

46 劉仲敬術語，指今日的廣西壯族自治區一帶。

和滇國。這個作法其實就像柯斯丘什科（Tadeusz Kościuszko）[47]既是波蘭的民族英雄又是美國的民族英雄一樣。早期很多的美國民兵沒有受過正規的軍事訓練，在這位波蘭貴族的領導之下才接受了正規的軍事訓練。而蔡鍔將軍在滇、桂各地建立軍校的過程當中，為這些國家培養了他們第一代的軍官團，把日本明治維新從法國和普魯士引進的十九世紀歐洲軍事技術引進了這些國家，為當地的獨立做出了很大的貢獻。同時，他還是一位深謀遠慮的外交家，他懂得將東南亞各邦團結起來、維持國際平衡的重要性。因此，他在處理政治事務的時候，既不偏袒他的第一祖國，也不偏袒他的第二祖國，而是強調維持諸夏各邦的平衡。

帝國主義與孤立主義的抉擇

我在夜郎的單元中曾經提到，在夜郎保守派和激進派發生憲法危機、企圖透過國際干涉來解決國內問題的時候，唐繼堯的滇軍進入夜郎，支持保守派，而這支部隊就是蔡鍔派去的。蔡鍔深知，新生的諸夏各邦像明治維新以後的日本一樣，需要經歷一段時間的保守派統治，國本才能穩定。保守派更加傾向於大地主、大資產階級的利益，也就是有利於本國土豪網絡的成長；而激進派步子邁得太大，過於偏向激進派的知識分子很可能會使剛剛獨立的諸夏各國捲入社會改革和國際糾紛當中，使土豪網絡得不到順利的成長。因此他認為，無論是在滇國還是夜郎，最好都要支持保守派的勢力。

但是當夜郎的激進派試圖利用荊楚和湖湘的勢力來復辟的時候，他就正確地預見到，儘管滇軍的軍官團在諸夏各邦中是最強大的，完全可以重演鮮卑帝國解體時期南詔對東南亞北部各國的帝國主義政策，但是濫用這種帝國主義政策必然會破壞諸夏各邦的和諧，給中國殖民者捲土重來的機會。因此，正是他派唐繼堯去夜郎平亂的，但同樣也是他要求唐繼堯和滇軍撤回夜郎，接受獨聯體領導袁世凱的調停，使夜郎的保守派和激進派能夠達成雙方都能接受的解決方案，同時也避免了強大的滇國與自曾國藩時代以來同樣有諸夏領袖之望的湖湘尼亞和經過辛亥獨立戰爭累積了巨大政治威望的荊楚之間發生外交糾紛。

蔡鍔將軍的預見是非常正確的：中國人雖然經歷了辛亥獨立戰爭的打擊，但是很快就恢復了他們的帝國主義本性，企圖把諸夏各邦作為獨聯體而建立的聯盟變成重建中國帝國

47 塔德烏什・柯斯丘什科（Tadeusz Ko ciuszko，1746—1817），波蘭軍隊領導人，波蘭、立陶宛、白俄羅斯和美國的民族英雄。曾於一七七六年參加美國獨立戰爭，並於一七九四年在波蘭與立陶宛領導反抗俄羅斯帝國和普魯士王國的起義。

主義的工具。袁世凱、段祺瑞和吳佩孚先後三次企圖復辟中國帝國主義，蔡鍔將軍挫敗了第一次的企圖，而唐繼堯則挫敗了第二次和第三次的企圖。在這三次戰爭當中，滇國再一次證明了，它是諸夏聯盟當之無愧的保護者。東南亞北部的諸夏各邦，如果沒有滇國堅決抵抗中國帝國主義的侵略，很可能會在這三次侵略當中維持不了自己在辛亥獨立戰爭以後剛剛獲得的獨立。

但是正如南詔人在打敗唐帝國主義以後就開始推行自己的帝國主義一樣，唐繼堯政權也在打敗了袁世凱、段祺瑞和吳佩孚的中國帝國主義以後開始推行自己的帝國主義。他開始企圖利用滇國的軍事優勢，侵略巴蜀和南粵，建立自己的帝國主義體系，從而過度消耗了滇國的政治實力，也破壞了諸夏聯合抵抗中國帝國主義的良好政治局面。如果不是因為唐繼堯過度地干涉南粵的內政，南粵的很多地主和資產階級本來會更加堅決地抵抗引狼入室的孫文和蔣介石的。等到唐繼堯政權結束，顧品珍和龍雲開始反思帝國主義政策的錯誤，重新回到孤立主義路線的時候，列寧主義已經沿著過去殷周帝國主義和鮮卑帝國主義的路線，重新征服了中國大部分的土地。而由於滇人在唐繼堯時代為了從事帝國主義，過度地消耗了資源，又在列寧主義殖民政權擴張的過程當中採取了孤立主義的政策，沒有及時援助夜郎和巴蜀。結果，等到滇人的孤立主義時期結束的時候，蔣介石政權的實力已經太大，滇人已經沒有辦法進行正面對抗了。

可以這麼說，近代滇國最大的外交錯誤就是，它的帝國主義政策和孤立主義政策放錯了時間。唐繼堯政權的後期，也就是中國帝國主義者已經無能為力的時期，它本來不應該繼續推行帝國主義，而應該推行孤立主義的。而顧品珍和龍雲時期，本來應該在中國帝國主義者在列寧主義兒皇帝政權的操控下開始復活的初期就應該迎頭痛擊，像蔡鍔痛擊袁世凱那樣痛擊蔣介石，避免這個帝國主義坐大，至少要保護巴蜀和夜郎兩國免遭中國帝國主義者的侵略。然而這時候他們卻由於實力消耗過度而轉向了孤立主義，以至於等到蔣介石在重慶建立殖民政權、把中國殖民軍派到昆明的時候，滇軍已經沒有正面

唐繼堯紀念幣　一九一六年三月二十二日，唐繼堯等人發起的護國運動取得勝利，袁世凱在內外交困中宣布取消帝制。為了紀念護國運動，雲南省議會鑄造發行了有護國元勳唐繼堯頭像圖案的紀念幣。紀念幣正面為唐繼堯頭像圖案，上書「軍務院撫軍長唐」；背面為交叉的九角十八星旗和五色旗圖案，象徵聯邦與共和。

抗爭的實力了。

蔣介石政權本著帝國主義分而治之的本性，一方面把滇軍派到越南去，破壞越南原先的天主教土豪勢力，扶持越南國民黨和共產黨，結果為越南的赤化擔當了先鋒部隊，另一方面又把他的中央軍派入滇國境內，破壞滇國土豪的力量。結果等到史達林決心拋棄國民黨、用自己的嫡系部隊吞併整個東亞、以及國民黨的黨軍中央軍全線崩潰的時候，滇軍和滇國的土豪完全陷入了混亂狀態。他們一部分的力量已經跟粵軍一起被派到越南去了，結果使本來可以成為滇國天然同盟的越南天主教土豪變成了他們的敵人。而他們扶植起來的越南國民黨唯一的歷史作用就是充當越南共產黨和共產國際的白手套，在推翻了法國人和越南天主教徒的勢力以後，迅速被越南共產黨推翻了。而留在滇國本土的滇國土豪，由於喪失了自己最精銳的主力，在黨軍迅速地向毛澤東和鄧小平的黃俄部隊投降、為這些人打開門戶的時候，他們的力量是分散的，無法組成統一的抵抗。結果，以昆明為核心的地方迅速被國民黨人出賣給了共產黨人。

而滇軍主力在國外，國內的滇國土豪又陷入了封建主義者和絕對主義者的政治鬥爭當中，絕對主義者更青睞唐繼堯的模式，希望能夠把封建諸侯的勢力全都集中到自己的手裡，盡可能地跟入侵的中國侵略者（這一回是紅色中國的侵略者）打陣地戰；而封建主義者，以古老的蒙氏、段氏和滇緬邊境上的各路土司為代表，企圖按照原有的封建體系的方式組織自己地方性的忠義救國軍，保持自己的元氣，不要把主力集中起來，以免在一次失敗的戰役中被全數殲滅。雙方無法達成一致，進一步分散了滇國的抵抗力量，結果導致滇國大部分的土地都被紅色中國所占領。

絕對主義者和封建主義者的上層滇國人物，在包括段氏在內的忠義救國軍的初期抵抗失敗以後，紛紛撤退到滇緬邊界靠近緬甸一側的地方。由於他們過去在封建時代跟緬甸北部的土司和封建領主有廣泛的聯姻關係，他們還能夠把自己的財富和實力以養精蓄銳的方式撤到邊界另一邊。同時，紅色中國在實力還沒有充實之前，為了避免跟緬甸發生直接衝突，他們寧願在邊界談判當中把這些人所控制的土司領地劃歸緬甸所有，而不是劃歸紅色中國所有。就這樣，五〇年代的滇緬邊界形成了暫時的平衡。

但是，平衡之下是不平靜的。一方面，絕對主義派的滇人企圖聯合蔣介石政權和美國中央情報局發動大反攻；而封建主義的滇人各派也有很多派出他們自己的子弟去參加這支滇軍。這支滇軍配合朝鮮戰爭的美軍，在滇國西部跟陳賡所率領的共軍進行了長期的戰鬥。由於他們的戰爭，五〇年代的緬甸、泰國各國才得到了緩衝的時間。本來五〇年代初期的緬甸和泰國不論是自身的軍備還是治安軍的水準，都是十九世紀的裝備。雖然美國成立了東南亞條約組織[48]，準備給他們換裝，但是換裝是需要時間的。就像今天的烏克蘭一樣，今天的烏克蘭在蘇聯解體、自己解除了武裝以後，就遭到了俄羅斯的侵略，而美國雖然想要像援助波蘭一樣援助烏克蘭，但是援助、重新換裝、重整軍備的過程至少需要五到十年。如果在這五到十年之間俄國人突然發動入侵的話，烏克蘭人是很難有抵抗力的。蔣介石政權之所以在五〇年代初期垮得這麼快，也是因為類似的原因；而滇軍的抵抗至少給緬甸和泰國贏得了長達十年的換裝時間。

等到六〇年代中期，吳廷琰政權和東南亞條約下的泰國政權都已經換裝完畢，自己具備了一定的抵抗能力，這時滇軍就不再重要了，美國和台灣對滇軍的支持也就告一段落。這時，絕對主義派的滇人有很多都接受了台灣方面的退休金，搬到了台灣去住。而本土派和封建主義的滇人則相信，他們的根在滇緬邊境上，他們不一定需要國民黨人和美國人的援助。而且，離開自己的家鄉，也就退出了本地的封建體系，也就放棄了自己的復國大業，這對他們來說是不划算的。因此，他們寧願失去美國和台灣的援助，也要在邊界地帶堅持下來；這些人一直堅持到了現在。

等到毛澤東在企圖背叛赫魯雪夫以建立自己的獨立體系結果失敗、不得不投入美國體系以後，紅色中國放棄了自己原先的蘇聯派的國際主義，穿上了國民黨留下的靴子，以東亞奧斯曼主義的繼承者自居。而這也就反映在它的外交政策上，它在外交上企圖把從哥斯大黎加、馬來西亞直到夏威夷、南非和美國的原先在國民黨控制之下的海外組織一一攻陷的時候，類似的戰役也在滇緬邊境展開了。屬於國民黨系的土司和領主像三藩市（舊金山）、夏威夷和馬來西亞的堂口一樣，有的被共產黨攻破了，有的像台灣的國民黨一樣投降了共產黨，變成共產黨推行帝國主義擴張的一個白手套。然而，原先屬於封建主

泰緬孤軍　一九四九年至一九五四年，滇軍從雲南退到泰國、緬甸北部邊境，持續與中國人民解放軍作戰。因為有他們在邊境與中國對抗，為泰國、緬甸爭取到了練兵、換裝的時間，間接避免了遭到赤化的危機。一九六〇年代以後，在受到聯合國的壓力下，部分的孤軍輾轉來到台灣生活，另一部分的孤軍則繼續留在泰緬邊境。

48 東南亞條約組織（Southeast Asia Treaty Organization，SEATO），是一個已經解散的國際軍事組織，相當於亞洲版的「北約」。最初是根據《東南亞集體防務條約》而於一九五五年在泰國曼谷成立的集體防衛組織，成立宗旨是圍堵亞洲的共產勢力。不過，因為組織內部的紛爭導致成效不彰，最後因成員陸續退出組織而於一九七七年解散。

義體系的滇國土司和領主，在這場鬥爭當中始終堅持了自己的傳統。

由於滇緬邊境的複雜形勢，無論是以前的國軍還是現在的共軍都只能控制封建網中的一小部分。而從內亞穆斯林世界到東南亞穆斯林世界之間的交通網絡，隨著共產黨政權在跟西方國家打交道、推行改革開放白手套的這三十年，又有了新的成長。因此，現在的滇緬邊境可以說是布滿了很多小小的杜文秀。原先早在中古時代就留下的那些段氏、高氏的封建領主的繼承人並沒有全部走掉，他們現在還在那一帶；蒙古帝國時期重新滲入的內亞領主、穆斯林團體之類的仍然在成長，而改革開放三十年所產生出來的新的商團也在成長茁壯。這三代不同的封建滇人的體系和國民黨系、共產黨系的中國殖民主義體系縱橫交錯，在東南亞的中流砥柱之中正在進行一場複雜的博弈。在這場博弈之下，就是內亞穆斯林透過東南亞運送難民和武器的地下通道，以及東南亞土豪向香港運送毒品和越南大米之類的走私物品的管道。這兩條管道的存在，說明了今天滇國境內封建生態的複雜性。

在改革開放期間，共產黨的政權不敢跟西方國家正面衝突的時代，它就滿足於控制軍隊、員警和國有企業這個表面上的體系。然而，這個體系即使是在滇國境內，也只能夠占據一小部分生態。而以改革開放名義崛起的各路土豪，他們主要就是依靠跟東南亞和內亞的國際交通網才能發財致富的，因此他們必然要跟原先滇國的三代封建領主以及新崛起的內亞和東南亞網絡發生密切聯繫。當然，他們當中有共產黨派系的大批匪諜，但也有很多原本的封建體系和滇族愛國者的勢力。

隨著共產黨跟西方國家再次決裂，決裂必然要反映到滇國內部的政治生態當中。也就是說，共產黨能夠控制的那些體系必然會為了跟滇人原先的、以及新興的封建體系爭奪地下網絡和生態而進行殊死決戰。這場戰鬥是殘酷的，經常會以比如說某一位滇國的愛國土司或者是匪諜土司被他們的敵對派系襲擊、以至於滅門為代價，但是這場鬥爭對於保護內亞和東南亞的土豪勢力、保護滇國本身的獨立都是不可或缺的。如果說像我剛才描繪的那種滅門慘案在一九九〇年代後期、在江澤民時代就經常發生的話，那麼隨著共產中國的殖民帝國和西方國家正式決裂、也就同時喪失了綏靖和收買東南亞和內亞土豪勢力的主要支援的政治進程不斷展開，滇國原有的土豪必然會在留在內亞和東南亞的網絡支援之下，為了爭奪資源和生態，跟共產黨和中國恐怖分子的殖民勢力展開更加殘酷的生死決鬥。

儘管按照共產黨的意願，他們在順利的時候能夠推動一帶一路，搞成一個巨大的、跟美國平起平坐的殖民體系，在失敗的時候至少也能像朝鮮那樣閉關自守三十年，把邊界封閉起來，在自己有效控制的殖民帝國內推行再列寧化，但是在很多地方，它根本不具備推行再列寧化的實力；滇國所在的地方就是再列寧化不可能成功的地方之一。無論是進攻性的一帶一路，還是後退性的再列寧化，共產黨的軍警系統和地下黨系統在滇國和夜郎的現有資源都遠遠不足以戰勝本土派所控制的網絡，更談不上戰勝那些在境內、境外都盤根錯節、擁有巨大勢力的封建土豪。所以在可以預見的未來，在中國殖民者控制的地區逐步分化為他們真正能夠再列寧化成功的龍騎兵地區、土豪控制的敘利亞地區和張獻忠地區這三個不同體系的過程當中，滇國必然會是最早進入敘利亞化的地區。這一地區的土豪生態是最強的，是再列寧化最不可能成功、張獻忠也最難以侵入的地方。未來的諸夏愛國者完全有理由像他們在蔡鍔時代一樣，把希望寄託在滇國愛國者的身上。

逆轉的東亞史(2)

非中國視角的西南（巴蜀、滇與夜郎篇）

作者　劉仲敬
總編輯　富察
主編　洪源鴻
責任編輯　穆通安、賴英錡
特約編輯　三馬兄、xqmxqm
企劃　蔡慧華
封面設計　木木 lin
排版　宸遠彩藝

社長　郭重興
發行人兼出版總監　曾大福
出版發行　八旗文化／遠足文化事業股份有限公司
地址　新北市新店區民權路 108-2 號 9 樓
電話　〇二～二二一八～一四一七
傳真　〇二～八六六七～一〇六五
客服專線　〇八〇〇～二二一～〇二九
信箱　gusa0601@gmail.com
臉書　facebook.com/gusapublishing
部落格　gusapublishing.blogspot.com
法律顧問　華洋法律事務所／蘇文生律師
印刷　成陽印刷股份有限公司

出版日期　二〇二一年三月（初版一刷）
二〇二二年七月（初版四刷）

定價　三五〇元整
ISBN　978-986-5524-41-8（平裝）
9789865524555（EPUB）
9789865524579（PDF）

國家圖書館出版品預行編目（CIP）資料

逆轉的東亞史(2)：非中國視角的西南，巴蜀、滇與夜郎篇 / 劉仲敬著 . -- 一版 . -- 新北市：八旗文化出版：遠足文化事業股份有限公司發行，2021.03
面；　公分
ISBN 978-986-5524-41-8(平裝)

1. 歷史 2. 民族史 3. 東亞

730.1　　110000139

劉仲敬

民族發明學講稿

劉仲敬

民族發明學講稿